楽しく賢くムダ知らず

「ひとり老後」の知恵袋

お金の

精神科医

保坂隆

◇はじめに

「ひとり老後」のお金について肩肘張らずに考えてみましょう

私はこれまで「老後ほど自由で、自分らしく、自分が好きなように人生を楽しむことができる時期はない」と繰り返し書いてきました。

かつては「老後」というと、「余生」つまり、「おまけ」のようなイメージがありましたが、今はそうではありません。

令和4年（2022年）現在の日本人の平均寿命は、男性が81・05歳、女性が87・09歳と、新型コロナウイルスが蔓延した影響もあってか、ここ2年で男女とも1歳弱下がりました。それでも75歳時の平均余命は、女性が15・67年、男性は12・04年と、長い長い「老後」が待っているのです。

ですから、二言目には「もう年だから」と、尻込みしているのはもったいないないと思います。なにしろ「今日が人生でいちばん若い日」なのですから。

一方、ある調査によると、老後の生活に「不安を感じる」「どちらかといえば不安を感じる」と答えた人が、全体の9割に及んでいました。

なかでも最も大きい不安が「生活費」、つまりお金でした。

実際、私のもとを訪れる患者さんのなかにも、経済的な不安からうつっぽくなるなど、体調を崩される方も少なからずいらっしゃいます。

たしかに、老後は大半の人が年金暮らしとなります。現役時代に比べると収入は減っていきます。そこに不安を感じるのもわからないではありません。

まして「ひとり老後」ともなると、不安も一入《ひとしお》でしょう。

しかし、どれほど不安だったとしても、収入が減る老後にできることはひとつしかありません。やりくりして〝手元にあるお金〟の範囲内で暮らすこと。そう、老後の生活では〝やりくり〟が大事な暮らしの知恵になるのです。

やや大げさにいえば、これからは人としての「真の価値」が試される時です。お金は人生を支えると同時に、人生を大きく変える魔物のような力を持っています。それだけにお金をどう使い、どう生かすか。ここで、その人の人間性があらわになってしまう……。そんな一面があるのです。

お金をある程度自由に使える老後は、持っているお金の多少よりも、お金をどう使うかで、その人の価値が見えてくるといっても過言ではありません。

かといって、お金について書かれているこの本を「姿勢を正して真剣に読んでください」とか「心して読んでください」などと言う気はさらさらありません。

人生は案外うまくできていて、年を取り、お金を稼ぐ力が小さくなってくる頃には、必要なお金も徐々に減ってくるものです。ですから、この本も肩肘張らずに「小耳に挟む」ような感覚で読んでいただければ十分です。

本書は、お金のやりくりを中心に、体力、気力、感覚や感情などの微妙な衰えも上手にやりくりして、「ひとり老後」の日々をこれまで以上に幸せに生きていくための考え方やちょっとした知恵、スキルなどをまとめたものです。また、第7章の「これだけは知っておきたいお金の手続き」に関しては、税理士の笠原清明先生に監修いただきました。

本書が人生100年時代、まだまだ長いこの先の道を、心豊かに、楽しみながら進んでいっていただくための一助になれば、著者としてこれに勝る喜びはありません。

2024年2月

保坂 隆

★もくじ

第2章

経済的不安の9割は「取り越し苦労」と知る

第3章

ケチケチせずに賢く倹約する

第4章

健康的な生活がいちばんの節約になる

第5章

ご近所づきあいにおけるお金のルールを決める

第6章 お金と無縁でも充実時間を見つける

第7章 これだけは知っておきたいお金の手続き

プロデューサー：中野健彦（ブックリンケージ）
編集協力：幸運社／寺口雅彦（文筆堂）
校正：植嶋朝子
カバーデザイン：西垂水敦・市川さつき（krran）
カバーイラスト：ながのまみ
本文デザイン：石川直美
本文DTP：伏田光宏（F's Factory）

第1章

お金をあまりかけずに優雅に暮らす

◇この先は美しくて優雅な節約生活をめざしましょう

老後、それも「ひとり老後」の不安となると、お金のことを第一に挙げる人が少なくないでしょう。

実際、私のクリニックにやってくる方からは「先生、この先、いつお金が底をつくか、不安で不安で……」という声をよく聞きます。

そんな人に「いくらあれば、不安を感じないで済みますか？」と尋ねてみると、「……」と返ってくることがほとんどです。

要するに、不安に思う人というのは、自分の持っているお金の多い少ないにかかわらず不安なのです。

その一方で、「これだけで大丈夫なの？」と、こちらが心配になるような状況でも、それほど不安を感じない人もいます。

つまり、不安だと思うから不安になる。それが不安の正体だと私は考えています。

たしかに老後は、たいていの場合、収入が減ります。でも、これから先はもう、それほどお金にこだわらなくても好きなように生きていけるのではないでしょうか。

まして「ひとり老後」なら、いっそう自由度は高いでしょう。

「ひとり老後」のあなたにおすすめしたいのは「美しく優雅な節約」です。

節約というと、なんだかわびしい、みすぼらしいというイメージがつきまといがちですが、ここで私がいう「節約」はそうではありません。

ダイエットに成功すると心身ともに晴れやかになるように、暮らしにおいても、不必要なものをそぎ落とし、簡素で落ち着いたものに整えると、わびしいどころか精神的にはいちだんと深まった、清々《すがすが》しい日々を実現できるのです。

人生の後半期、それもひとりでめざす「節約生活」とは、世間の価値観にわずらわされず、自分らしいお金の使い方をすることだといえます。

そこで待っているのは、このうえなく深い充実感に包まれた暮らしです。それこそが真の「ゆとりある生活」だと言い換えてもいいでしょう。そこには一抹の不安もありません。

◇やりくりは脳トレゲームとして面白がる

「やりくり」「節約」などと聞くと、それだけでイヤな気持ちや暗～い気持ちになってしまう人は少なくないかもしれません。

しかし、年金生活者のあなたはこの先も「ひとり」で生きていくのでしょうから、そうそう他の収入は見込めません。だとするなら、この先もずっとずっとイヤな想いを抱えたままで生きていかなければならないのでしょうか。

そうではありません。ここはひとつ発想の転換をしてみましょう。「やりくり」や「節約」を苦しいととらえるのではなく、「脳トレゲームとして楽しんでいる」と考えてみませんか。

「やりくり」をしながら生活していけば、必要以上の贅沢はしないでしょう。嗜好品のお酒などは減らせるかもしれません。

さらに、毎日のように生活費を計算していれば、脳が衰える暇もありませんから、いつまでも元気で長生きできる可能性もぐんと高まります。

「足るを知る」という言葉があります。中国古典で有名な老子が残した「自勝者強」（自ら勝つ者は強し）という言葉に由来し、「満足することを知っている者こそが、本当に豊かで幸せな人だ」という意味です。

つまり、**年金が少ないから生活が苦しいと、不満を言っていても幸せにはなれません。**じつは、医学的にも不満や怒りが強いと、コルチゾールというストレスホルモンが大量に分泌されることがわかっています。

コルチゾールには脳細胞を死滅させたり、免疫力を衰えさせる働きがあり、不満や怒りを感じれば感じるほど不健康になります。

現状を素直に受け入れて、「やりくり」や「節約」をゲーム感覚で楽しんで生活してほしいと思います。

◇お金がなくても、やる気があれば学ぶ方法がある

ある日の昼休み、散歩をかねて病院の周りを少し歩いた後、近くのカフェに入りました。すると、シニアミセスとおぼしき3、4人が盛大なおしゃべりの花を咲かせていました。

どうやら、話題は共通のミセス友だちについてのようです。その友だちは数年前からフラダンスを習っていて、近いうちに発表会があるらしいのです。ひょっとして、見にきてほしいと誘われているのでしょうか。

「いいわよねえ、彼女は。私なんか、お稽古事するお金なんてないわ」

そのうちのひとりがこう言うと、別のひとりも応じます。

「年金暮らしですもの。私だって、そんな余裕ないわよ」

でも、テーブルを見ると、飲み物以外にスイーツも並んでいます。本当に

厳しい暮らしを強いられているのだったら、カフェでお茶というわけにはいかないでしょう。

たしかに、年金暮らしが経済的にけっこう厳しいというのは本音でしょう。

だからといって、**お金が足りないからという理由で、自分のやりたいことをあきらめてしまうなんて、せっかくの人生経験が泣いてしまいます。**

そんな毎日では、残りの人生があまりにももったいないと思いませんか。

「やる気さえあれば道はある」と信じ、やりたいことを実現する方向に動かしていく――。そういう知恵を持ち合わせているのが、経験豊富なシニアではないでしょうか。

逆に言えば、ふんだんにお金をかけて学ぶことは誰にだってできます。費用のかからない〝学びの場〟を探すこともひとつの方法なら、学ぶための資金をどうにかして捻出するために知恵を絞るのも、これまたひとつの方法でしょう。まずはお金をかけないで学ぶ方法を探してみるのはいかがでしょうか。

◇年金暮らしも「選択と集中」で

年金暮らしになっても、毎日の食べるものや光熱費、健康保険料や介護保険料に「シルバー割引」はないので、これらを差し引くと、たいていの人は「老後の人生をエンジョイする資金」はそう潤沢ではないでしょう。

では、資金が潤沢でない場合はどうしたらいいのでしょうか。

企業経営では、よく「選択と集中」という言葉を使うそうです。

あれもこれもと手を広げるのではなく、特定の領域に目標を絞り込み、そこに資金や人材などを集中的に投入する経営戦略だとか。

この「選択と集中」という考え方は、私たちの「年金生活」にも採り入れるといいのではないでしょうか。

以前、中学時代の先輩と久しぶりに一杯やったとき、彼も同じようなことを話していました。

先輩は姉が一人いる二人きょうだい。お姉さんは伴侶を亡くし、先輩は少し前に熟年離婚をし、どちらも「ひとり老後」を送っています。二人とも平均的な年金暮らしを送っているそうですが、それでいて「暮らしぶりがそれぞれまったく違うんだよ」と笑います。

お姉さんは「食道楽」。年中、あちこちへ食べ歩きに行ったり、全国からおいしいものを取り寄せては、訪ねてくる子供や孫と一緒に食べているのだそうです。

一方、ご本人は「芝居やオペラ公演」などには惜しげもなくお金を使っているといいます。先輩の話はそこで終わりではありませんでした。

「その代わり二人とも、ふだんの暮らしは『粗衣粗食』主義なんだよね。食べるもの、着るものは贅沢しない……」

粗衣粗食を言葉どおりに受け止めると、耐乏生活を送っているような印象になるかもしれません。しかし、老後に食べるものは簡素なくらいのほうがむしろ健康的ですし、改まった外出の機会が減るので、着るものにかけるお金も自然に少なくなってきます。

「粗衣粗食」は、老後生活の自然なあり方といえるかもしれません。

先輩きょうだいのこの例も「選択と集中」といえるでしょう。

老後は一般的に収入は減るものの、自分の好きなことにある程度のお金を使い、それで気持ちが満たされれば、ふだんは「粗衣粗食」でも精神的に貧しくなることはないでしょう。

「選択と集中」――。現役時代に培ったノウハウやものの考え方が、老後の暮らしに役立つこともあるようです。

◇買い物には毎日行く必要はない

コロナウイルスが蔓延中は、多くの人が〝自粛〟を強いられました。たしかにその期間はなにかと不自由でしたが、新しい発見もいくつかあったように思います。その代表的なものは、次のふたつではないでしょうか。

・会社には毎日出社しなくても、オンラインのやりとりで済んでしまうことも少なからずある
・買い物には毎日行かなくてもそれほどの不便はない

ここでは、後者について取り上げたいと思います。

コロナ禍以前は、とくに深く考えずに習慣だからと、毎日買い物に出かける人が少なからずいらっしゃったように思います。

ところがコロナ禍に襲われて、できる限り人との接触を避けるために買い物は控えるようになりました。

当初は、それでは不便でたまらないと思ったかもしれませんが、そうではありませんでした。最近は日持ちする商品も多く、週に１、２度買い物に行けば、これまでと変わらない日常生活を送ることができたのです。

つい余計なものまで買ってしまう機会が減ったというのも、とくに主婦やひとり暮らしの方にはありがたい発見でした。

家計のことを考えるのなら、この習慣は続けたほうがいいと思います。

さらに付け加えるのなら、**妥協した買い物はしないと決めることも大切です。**

「特売だったから」「オマケしてくれたから」などといった理由で必要以上に買っても、使いきれずに捨てることになって、かえって高くついてしまう……。とくにひとり暮らしのあなたは、そんな結果になりがちでしょう。

その代わり、これまでよりも質にこだわってみるのはいかがでしょう。**食料品は言うまでもなく、衣類なども「量より質」への切り替えを身につけたいところです。**

ある程度年齢を重ねたら、数にこだわるのではなく、自分が好きなもの、そしてできるだけ上質なものを選んで身に着けてみませんか。

いいものは軽くて温かく、着心地も満点で、しかも長持ちするので、結局は得になります。さらに言えば、「高級品を身に着けている私」という自己満足感も得ることができるでしょう。

では、無用なものを買い込まないためにはどうしたらいいのでしょうか。

衝動買いに走る最大の要因はストレスです。寂しさやうつうつとした気分のときは、ふだんなら手を出さない、とんでもない高いものを買ってしまったりしがちです。

ですから、気持ちがクサクサしたり、なんとなく面白くない気分だったりするときには買い物に出かけないようにすることです。

そんな日にもかかわらず、つい出かけてしまったときには、花やスイーツを買うというのはいかがでしょう。こうしたものなら、ちょっと張り込んだとして大きな金額にはなりません。

それでいて、寂しい心をやさしく癒してくれます。

第2章

経済的不安の9割は「取り越し苦労」と知る

◇お金の不安の正体とは

生命保険文化センターが行った「生活保障に関する調査」（2022年度）によると、老後の生活に関して、82・2％が「不安感あり」と回答しています。不安の内訳を見ると、なんと79・4％が「公的年金だけでは不十分」としています。要するに、老後の不安の大半はお金に関することで占められているのです。

「ええ、私もそう……」

本書の読者の中にも、うなずかれる方が少なくないでしょう。

そんな人には、こうお尋ねしたいと思います。

「あなたは、いくらあれば、不安ではなくなるのですか？」

精神科の患者さんを長年診てきた経験からすると、この質問に対する答えはありません。

不安に思う人は、はたから見て「十分にあるじゃないか」と思うほどお金を持っていても、「もしハイパーインフレになったら……」などと不安の種を探してくるでしょう。どんな状況でも不安を感じるのです。

逆にそうでない人は、「これだけで大丈夫なの？」と言いたくなるくらいの状況でも、それほど不安は感じない……。

不安だと思うから不安になる。それが不安の正体ということなのですね。

「はじめに」でも触れたように、私はこれまで「老後ほど自由で、自分らしく、自分が好きなように人生を楽しめる時期はない」と繰り返し述べてきました。

お金についても同様です。

家族を抱え、とくに子供を教育しなければならない間は、どうしてもお金が必要になります。でも、子供たちを自立させ、場合によっては老いた親の面倒をみなければならない場合もあるでしょうが、あなたは今、ひとり身です。

それでも、経済的な不安は残るかもしれません。

でも今、**あなたに必要なのは、その不安から逃げることではなく、自分らしいお金の使い方の知恵を絞ることではないでしょうか。**

それが不安と向き合うということです。

そして、その姿勢が身についてきたとき、あなたのお金に対する不安は雲散霧消していることでしょう。

◇老後に本当に必要な資金はコレとコレ

厚生労働省の「厚生年金保険・国民年金事業の概況」（令和４年度）によると、その平均受給額は、国民年金が５万６３１６円、厚生年金が14万４９８２円となっています。年金をもらう年齢が近づいてくると、自分が受け取る年金額についての知らせが届きます。それを見て、多かれ少なかれ不安を覚えるのは当然というべきかもしれません。

しかし、「この額では足りない……」といくら嘆いてみても、天からお金が降ってくるわけではなく、この範囲でなんとか暮らし、足りないぶんはこれまでの蓄えを取り崩していくほかないのが老後の暮らしです。

現役時代に稼いでいた額と比べて不安になるのはわからないではありませ

んが、住宅ローンや子供の教育費など、「人生の二大出費」は終わっていることが多いでしょう。では、この先、どんな出費があるのでしょうか。生活費は当然必要ですが、あと大きなところでは医療費（介護費用）程度ではないでしょうか。たしかに**ひとり老後ともなると、入ってくるものは少なくなりますが、そのぶん、出ていくものも少なくなるのです。**

「案ずるより産むがやすい」というように、実際に年金暮らしを始め、半年もして慣れてくると、不安を口にする人はめっきり減ってくるようです。

「カニは自分の甲羅に合わせて穴を掘る」という言葉もありますが、人も自分の財布のサイズに合わせて、ちゃんと暮らしを軌道修正していく知恵を持ち合わせているのです。「身の丈で生きる」というのも、老後の知恵のひとつでしょう。

なんとかなる。なんとかやっていく——。これが年金暮らしの心得です。

◇細かすぎる人生プランは立てないほうがいい

勤勉で真面目な人が多い日本人は、何をするのも一生懸命。やり始めたら目的に向かって、わき目もふらず努力する人が多いものです。それはいわゆる老後を迎えても変わりません。しかし、60代後半〜70代ともなると、体力も気力もだんだん下降気味になり、そこであまり張り切りすぎるとスタミナ切れになって、途中で投げ出すようなことになりかねません。

節約にしても、シンプルな暮らしぶりについても、息の長いスタンスで続けることに意味があるのですから、一過性のイベントで終わらせてしまっては、意味がありません。

このことは「人生プラン」にもいえます。いや、「人生プラン」という総論にこそ、細かすぎない、ゆるい設定を考えるべきではないでしょうか。

高齢になっても、人生に目的や目標を持つのは悪いことではありませんが、あまりにストイックになるのは考えものです。いちいち「今日はプランになない無駄遣いをしてしまった」「このところダラダラしすぎているのではないか」などと気に病んでいたのでは、すぐに疲れてしまいます。

若い頃ならともかく、プランどおりに進んでいるかをいちいちチェックするのはいかがなものでしょうか。

「3年後までには蓄えを5割増しにする」「1年後には体重を○キロ落とす」などと具体的にプランを設定して、達成できていたら喜び、そうでなかったら落ち込むというのは、悠々自適を旨とする「ひとり老後」にはまったく似合いません。

老後に細かすぎる人生プランは不要。自分には少し甘いくらいでちょうどいいのです。大切なのは自分のペースを守ること。それだけです。

◇かわいい孫にもお小遣いは与えすぎない

ひとり暮らしをしているところに、子供や孫が遊びに来てくれるのはうれしいものです。そんなとき、孫にお小遣いやプレゼントをあげて、「おばあちゃん（おじいちゃん）、大好き！」なんて言われたら、なんでもしてあげたくなってしまうかもしれません。

お金に余裕のある現役時代は、それでもいいかもしれません。しかし、リタイア後は現役時代のように十分な収入があるとは限りません。年金だけでは足りず、預貯金を切り崩して生活しているシニアも多いはずです。

このような暮らしをしているのなら、**気前のいいおばあちゃん、おじいちゃんをいつまでも演じる必要はない**と思うのですが、いかがでしょうか。

そんなことを続けていると、孫は祖父母に何かしてもらうのが当たり前と思うようになり、「いつでも頼めばお小遣いがもらえる」「買ってくれないのはおかしい」と、思い違いをすることにもなりかねません。

長年おつきあいのある、ひとり暮らしの女性患者さんからこんな話を聞きました。

「私には、中学に入ったばかりの孫がいます。お正月のこと、久しぶりに息子夫婦と里帰りしてくれたので、感謝の気持ちもあってお年玉に1万円あげました。年金暮らしで生活に余裕はありませんが、とても喜んでくれたので、そのときは『あげてよかった』と思いました。その後、ゴールデンウィークにも遊びに来てくれたので、お小遣いを5000円あげました。もちろん、喜んでくれましたよ」

先日、その彼女のもとにお孫さんから電話があったそうです。

「『夏休みも、おばあちゃんのところに遊びに行きたいのだけど、パパとママは忙しくて一緒に行けそうもないんだ。だから、電車賃を出してくれない？』と言うんです。1万円くらいほしいと言ってきましたけど、それほど余裕があるわけではないので即答できませんでした」

もちろん、お孫さんに「年寄りから金をむしり取ってやろう」という気持ちはないのでしょうが、**お小遣いをあげることがたび重なると、孫はおばあちゃんを財布代わりと見てしまいそうです。**

では、そうした思い違いをさせないためにはどうしたらいいのでしょうか。

「おばあちゃん（おじいちゃん）は年金という国から出るお金だけで暮らしているので、それほど生活に余裕があるわけじゃないんだよ。だから、一年に一度くらいしかお小遣いはあげられないからね」

と、包み隠さず孫に伝えることです。

ほとんどのシニアは、「そんなことを言ったら孫に嫌われてしまう」「二度と遊びに来てくれなくなる」という不安から、なかなか本音を言えないようです。

しかし、それでは孫との関係が愛情ではなく、単なるお金のつながりになってしまうでしょう。

言うまでもありませんが、孫へお小遣いをあげるために食事を抜くとか、**お金を借りるというのは、もってのほかです。**

孫のおねだりを拒絶するのはつらいものがあるかもしれませんが、そうすることが孫のため、孫への愛情だと理解してください。

◇「老後資金」は心配しても始まらない

内閣府の「高齢者の生活と意識に関する国際比較調査」(平成27年)によると、日本の高齢者の88・３％が現在の老後の生活について「満足している」「まあ満足している」と回答しています。じつに約90％の高齢者が「現在の生活に満足している」のです。

にもかかわらず、「老後の生活が不安」「老後のお金について不安でたまらない」という声ばかり聞こえてくるのはなぜでしょうか。

近年、急速に発展してきた脳科学研究の結果、日本人は「不安になりやすい」気質の人が多いことがわかってきました。

明るい気分に向かわせるセロトニン（脳内で働く神経伝達物質の一種）の

数を決める遺伝子にはいくつかタイプがあって、２００９年に発表されたデータによると、東アジア人はヨーロッパ人よりも「不安」を感じやすい遺伝子を多く持っているとのことです。なかでも、その遺伝子をいちばん多く持っているのが日本人だそうです。

ちなみに、不安傾向の強い人は、知能が高くて優秀という側面も持っています。

ともあれ、日本人は不安になりやすく、不安に関する情報に強く反応しやすいのです。マスコミはそれをよく知っているため、不安をあおるような記事を繰り返し掲載します。言うまでもなく、そのほうがウケがよく、売れるからです。

そのメインターゲットは、もっぱら老後不安にかられやすい高齢者。最近ではシニアばかりでなく、ビジネスマン対象の週刊誌でも、毎週のように「老後資金は〇千万は必要」とか、「年金制度は崩壊する」といった記事を書き立て、テレビはテレビで「老後破産」特集などを組むので、いっそう不安に駆り立てられます。

こうした情報が、いやが応にも不安な心理をあおるのです。

でも、**いたずらに「老後のお金が不安だ」とこぼしたところで、何にもなりません。**本当に不安なら、解消するために有効な行動を始めればいいのです。**不安をなくそうとする意欲は大きなエネルギーに変わります。**そのエネルギーは、これから先を前向きに生きていくための大きな力になって、あなたの「ひとり老後」をしっかり支えてくれるはずです。

◇なければないなりに楽観的に暮らそう

今から4年ほど前のこと。「老後の資金が2000万円不足する問題」が世の中を騒がせました。金融庁の金融審議会市場ワーキング・グループが作成したレポートに「年金だけでは毎月5万円ほど生活費が不足する。65歳で年金をもらい始めた人がその後30年生きるとしたら、不足する生活費の合計は2000万円近くになるため、あらかじめこの額の貯蓄をしておく必要がある」と記されていて、大きな問題になったのです。

金融庁や政治家が繰り返し謝罪をして、この問題はなんとか沈静化しましたが、それでも「あれ以来、年金だけでは暮らせない」という恐怖に似た危機感が頭から離れないという人は少なくないでしょう。それも当然で、60代の貯蓄の中央値は650万円ほどだからです。

ちなみに中央値というのは、データを小さい順に並べたときに中央に位置する値のことで、平均値よりも実情を反映しているとされています。

このように、ごく普通の60代が老後をすごそうとしても、１４００万円も貯蓄が足りないわけで、これでは「これから」に恐怖を感じるのは当然です。しかし、悲観的な考えに陥るのは「百害あって一利なし」です。

アメリカ・ケンタッキー大学のデボラ・ダナー博士が興味深い調査結果を発表しています。ダナー博士が、ある修道院に在籍していた１８０人の修道女たちの日記を分析したところ、悲観的だった人は、楽観的な人よりも10年も寿命が短いとわかったそうです。

これに似たことは、医学の世界でもよく見られます。

「再発したらどうしよう」「どうせ治らない」というように悲観的な人は、「もう大丈夫」「退院したら何をしようか」などと考える楽観的な人よりも、術後の経過が明らかに悪いのです。

生活にはお金がかかるとはいえ、本心で「できるだけ早く死にたい」とまで思う人はいないでしょう。だとするなら、**悲観的に考えず、楽観的に考えたほうがいいと思います。**

話を生活費に戻すと、そもそもどんなに悲観しても「ない袖は振れない」のですから、しかたないではありませんか。しかたないなら、楽観したほうがいいのです。こう話すと、「楽観的になれなんて、無責任すぎる」とお叱りを受けることもあります。しかし、そうした人は、「楽観的」と「楽天的」を混同しているのではないでしょうか。

この二つは明らかに違います。

楽観的とは「未来の出来事は必ず解決できると信じて行動すること」で、

楽天的とは「根拠なく、なんとかなるだろうと考えること」を意味しています。

老後の生活でいうなら、心配したり不安がったりしているだけでは何も解決しません。そこで対策を考えるのが「楽観的」です。

政府は定年延長などで70歳までの就業確保を企業の努力義務としました。高齢になってからの就職先は以前に比べると探しやすくなったでしょうから、老後資金も少しずつ増やせるかもしれません。

それに加え、年齢とともに削ることができる生活費もあります。

たとえば、子供が独立すれば、広い家に住む必要がなくなりますから、狭い家に引っ越して光熱費を節約することもできるでしょう。また、体の基礎代謝も減るので、健康のためにも食費は減らしてもいいでしょう。

今の収入や貯蓄に見合うような聡明な暮らし（生活のダウンサイジング）を考えるだけでも、悲観から逃れられるのではないかと思います。

◇お金は増やすよりも減らさないことが大切

「老後にいくら蓄えが必要か」が話題になって以来、投資を学ぶ教室やセミナーが盛況だそうです。参加者の多くはもちろんシニアで、その目的は「退職金を増やすこと」だとか。

でも、数回の教室やセミナーに参加しただけで、自己資金を増やせるものでしょうか。

それについて知人の経済評論家に聞いたところ、とても面白い答えが返ってきました。笑いながら、「自分より愚かな人を見つければ儲かりますよ」と言ったのです。

どういうことでしょうか。

聞きようによってはずいぶん失礼な話ですが、彼は取り繕うように「いや、誰もおとしめるつもりはないんです。じつは、経済理論のなかに『よりひどい愚者の理論』というものがあるのです」と付け加えました。

「株や為替などで儲けるためには、自分が買った値段よりも高く買ってくれる人がいなければなりません。こんな人を『自分よりもさらに愚かな人』とたとえているのです」

そして、こう続けます。

「そこで考えてほしいのが、今まで投資をしたことがないという人に、自分よりも愚かな人……というと語弊がありますね、自分より投資に関して知識が乏しい人を見つけることが可能だろうか、ということです。

私が見聞きしたところでは、投資を始めた人の９割以上が３年以内に大きな損失を出して戦線離脱していますから、やはり自分より愚かな人を見つけるのは難しいのだと思いますよ」

「自分よりも愚かな人を見つける」という表現は措《お》くとして、彼の言うことは一理あると思わざるを得ませんでした。

しかし、ここまで聞いても、「投資をして退職金を増やそう」と考える人は少なくないでしょう。これはおそらく、SNSなどで「退職金が3倍に増えた」「投資素人の主婦なのに、大金を手にできました！」などという自慢話を目にするようになったことが影響していると思います。

人間は悲しいもので、誰かが儲けると自分が損したと感じてしまうのです。実際には誰が何億円儲けようと、その誰かがあなたのお金を奪ったわけではありませんから、「損した」と感じるのはおかしなことです。

しかし、私たちは冷静に考えられず、「損をしたくない！」という気持ちで危険な投資に走り、虎の子のお金を失ってしまうことになるのです。

そんな気持ちにならないためには、ＳＮＳなどの情報を話半分以下とみなして読むことです。人には「成功談は口にしたがるが、失敗談は伏せておく」という傾向があります。儲かった人はひと握りで、たとえそれが事実であっても、話を〝盛っている〟可能性も高いはずです。

だから、「○○万円儲けた」という書き込みがあったら、それを10倍にして「それまでに、○○○万円損しているのだな。投資というのは難しいのだな」と読み解くといいでしょう。

「なんとかして持ち金を増やしたい……」

そんな思いが、あせりにつながり、被害に遭ってしまうケースも増えているようです。

その典型的な例として「未公開株購入の勧誘」があります。

ある日突然、知らない業者から電話連絡があり、「証券取引所に上場していない株を特別に譲渡します。上場すれば数倍の値がついて儲かります」などと購入を勧めてきます。

ところが、上場予定時期を過ぎても上場しなかったり、業者と連絡が取れなくなったりするケースが増えているそうです。

騙《だま》したほうに非があるのは明らかですが、こんなケースでは騙されたほうにも落ち度があると言わざるを得ません。被害に遭う人には「未公開株を手に入れたら儲かる」という欲があるからです。

詐欺師たちは、その欲につけ込んでくるわけです。**「うまい話は見ざる、聞かざる」にしておきましょう。**

それでもどうしても心が動いてしまう場合は、最低限、その会社が実在するか確認すべきです。もし実在していたら、その会社に電話して未公開株を譲渡する予定があるかたしかめてみましょう。

あるいは電話の主に「幹事証券会社はどこですか？」と尋ねるのもいいかもしれません。相手が答えに詰まったら、怪しいと判断してもいいでしょう。

シニアはむしろ、持ち金を増やそうと考えるのではなく、減らさないように心がけるべきだと思います。

そもそも、お金というのはいくらあっても安心できませんし、あればあったで無駄遣いしてしまうものでしょう。

仮に投資で退職金を2倍に増やすことができたとしても、あっという間に散財してしまう可能性も高いのです。しかも、散財に歯止めはききにくいものですから、もともとの退職金まで失いかねません。

まずは「今あるお金でやりくりしていこう」という考えを基本方針にするのが賢明だと思います。

◇老後だからこそ保険を真剣に考えておく

健康保険があるからとりあえず安心と思っている人も少なくないでしょうが、大きな病気になり入院したりすると、意外なほどお金がかかる場合があります。

最も大きいのは、入院する部屋によってかかる差額ベッド代です。いわゆる個室料金ですが、二人部屋などでも室料がかかることもあります。

原則として、患者さんが自ら希望した場合に費用が発生し、医療機関側が治療上の必要があって個室に入ってもらった場合には、差額ベッド代を徴収することはできない決まりになっています。

とはいえ、他人の目を気にせずリラックスできるからと、個室を希望したくなる気持ちもわかります。

すると、だいたい1泊数千円から高いところでは1万数千円以上かかります。これは都心と地方の違い、病院の価格設定によって「ピンキリ」なのですが、1カ月以上などの長期の入院になれば、差額ベッド代だけで相当大きな自己負担額になるでしょう。

また、たとえば、**がん治療のなかには健康保険の適用が認められていないものもあります。**一例を挙げるなら、日本で未承認の抗がん剤治療や、免疫療法の一部などがそれに当たり、何百万円もの費用は個人負担になります。

そうした突然の出費に備え、個別に医療保険やがん保険には入っておくほうがいいと思います。民間の保険会社だけでなく、郵便局や農協などでも医療保険やがん保険を取り扱っているはずです。

ほかに、何社もの保険を比較し、年齢、掛け金の予算などに合わせて最適な保険を紹介してくれる「ほけんの窓口」などの企業もあります。最近は高齢になっても加入できる保険も増えたので、一度、相談してみるのもいいでしょう。

医療関連でいうと、**海外旅行に行くときには必ず、空港などで掛け捨ての傷害保険に入っておくこと。これは必須だと思います。**なぜかといえば、海外の医療費は非常に高いからです。

よく「クレジットカードに海外旅行の傷害保険が付帯しているから、それで十分だろう」と思っている人がいます。カードの種類(ゴールド・一般など)によって保険金額も異なりますが、ほとんどの場合、カードの保険ではまったく足りません。知り合いがスイスの氷河見物中に足をすべらせて骨折したのですが、1カ月の入院・治療で、ざっと500万円ほどかかったそうです。

保険料はケチケチ節約しないことが、いちばんの「節約」に通じると考えましょう。

第3章

ケチケチせずに賢く倹約する

◇節約とは「低く暮らし、高く思う」こと

「南海泡沫事件」をご存じでしょうか。

1720年、イギリス（グレートブリテン）で、南海会社を舞台に起こった株価の急騰と暴落、そしてそれに続く混乱を指します。この混乱こそがバブル経済の語源となった事件です。

そう、イギリスでもかつてバブル経済は経験済みなのです。

その当時はバブルに浮かれ、派手さを好んで暮らしていたようですが、賢明なイギリス人はバブル崩壊とともにすぐに派手さや豪華さを求める物質本位の暮らしの空《むな》しさを知ったようです。

イギリスの代表的ロマン派詩人、ワーズワースの『ロンドン　一八〇二年』という作品のなかに、「Plain living and high thinking（質素な暮らし、高

遠なる思索)」という一節があります。

この詩が書かれた19世紀に、イギリスは産業革命をいち早く成し遂げ、工業化による圧倒的な経済力と軍事力を誇り、世界一の繁栄を謳歌していました。

その繁栄は国民にも浸透し、当時はイギリス人も「バブリーな暮らし」に惹かれていた人が少なくなかったのでしょう。

ワーズワースの詩は、それを鋭く批判しています。

「強奪、貪欲、消費……。これぞわれらが偶像。
われらはこれを崇《あが》むる。
質素なる暮らし、高遠なる思索はすでになく……」

貪欲な態度や消費に走る暮らしからは、高遠な思いは消えてしまう……。

そう詩に詠むことで、ワーズワースは「低く暮らし、高く思う」という精神性の高さを取り戻そうと訴えかけたかったのでしょう。

「Plain living」は直訳すると、「シンプルな暮らし」となります。**余分な飾りや余計なものを省いて無駄がなく、でも必要なものは過不足なくしっかりあるという暮らしです。**そうした生活のほうが、「人の思い」は高まっていくのではないでしょうか。

ワーズワースの詩の拡大解釈になりますが、バブル経済を経て、過剰なくらい贅沢な消費文化にどっぷりと浸かってきた現在の日本の高齢者は、本格的な老後のただ中にいる今こそ、「Plain living and high thinking」という精神を心に刻み込む必要があるのではないでしょうか。

◇定年後は住宅ローンを支払い続けない

国土交通省の「令和3年度　住宅市場動向調査報告書」によると、分譲マンションの平均取得年齢は44・3歳、分譲戸建て住宅の場合は38・4歳となっています。

わかりやすいように、この2つの平均年齢のほぼ中間である42歳で住宅を取得したとして、話を進めさせてもらいます。

月々の返済額が最も少なくて済む35年ローンを組むと、完済年齢は77歳になります。

2021年に改正された高年齢者雇用安定法によって、70歳までの就業機会の確保が企業の努力義務になりましたが、ローンの完済年齢がその7年後というのは無謀な設定と言わざるを得ません。

なぜ、こうした設定をする人が多いかというと、「退職金で住宅ローンを完済する」という腹づもりがあるからでしょう。

しかし、その退職金は減り続けているようです。

そもそも民間企業の退職金の額は、法律で定められているものではありません。経営者の一存や会社の経営状態で増減できるものです。経営が絶好調だったバブル時代と比べると、現在はほとんどの企業で大幅に減っています。

ちなみに厚生労働省の「就労条件総合調査」（令和4年）によると、大卒・大学院卒者が受け取った定年退職金額は、2007年には平均2491万円でしたが、2022年には平均2037万円に激減。つまり、15年間で400万円以上も減ってしまったのです。

その結果、予想していたほど退職金を受け取れず、住宅ローンが払いきれなくなったというケースが増えています。「下流老人」や「老後破産」が増えている原因の多くも、ここにあるといわれています。

では、下流老人になったり、老後破産に見舞われたりしないためには、どうしたらいいのでしょうか。

定年後は、住宅ローンを払い続けずに済むようにすることです。ローンほど余計といえる荷物はありません。あなたがもし60歳前後なら、それが可能な最後のタイミングだと思います。

多くの企業が定年を65歳まで引き上げています。今後は70歳まで延長される可能性が高いでしょう。

もし定年の延長が5年だったとしても、すでに子供が独立している可能性は高いでしょうし、若い頃と比べたら食費も減らせるはずです。こうして**生活費を削って繰り上げ返済をしていけば、退職金で住宅ローンを清算できる可能性が高くなります。**少なくとも、定年後の返済額を大幅に減らせるはずです。

それでも厳しい場合は「リバースモーゲージ」という手段があります。

これは、金融機関や自治体が自宅を担保にしてお金を貸してくれる金融サービスです。条件はいろいろありますが、不動産評価額の最大7割程度のお金を借りられるため、たいていの場合、これで住宅ローンの完済が可能となります。

もちろん、リバースモーゲージも借金に変わりはありませんが、月に10万円だった返済額が3万円に圧縮できたという例もあります。これなら負担もずいぶん軽くなるはずです。

◇買い物のレシートを使って節約する方法

テレビを見ていたら、家計についてのベテラン評論家が、「レシートを必ず持ち帰る習慣をつけましょう」と話していました。

自営業者や個人事業主の場合、確定申告があるので、レシートの持ち帰りが習慣になっていますが、これまで何十年もサラリーマンだった人は、レシートにそれほどこだわりがなく、どうしても「受け取ったら、クシャクシャにしてゴミ箱へポイ」という習慣が抜けないようです。

とくにポイしがちなのがコンビニのレシートだそうで、ある調査によると、コンビニでレシートを持ち帰らない人は、45％近くに上るそうです。

これでは自分が購入したものを改めて確認しようがなく、生活費のやりくりもうまくいかないでしょう。**少しでも生活費を切り詰めたいという気持ち**

があるのなら、今日からすべてのレシートを持ち帰るようにしましょう。

レシートを持ち帰ったら、使った金額を書き出したり、表計算ソフトに入力して管理するのですが、今までそんな管理をしたことがない人にとっては苦痛かもしれません。

そんなときは、スマホのカメラ機能を使ってレシートを撮影するだけで、品目や金額を読み取ってくれる便利な「家計簿アプリ」があるので、それを利用するといいでしょう。

品目と金額の入力が終わったら、あとひと手間加えて、買ったものを2種類に分類します。

「2種類の分類」とは何かといいますと、「必要だったもの」と「ほしかったもの」です。

お米や野菜、飲料などは「必要だったもの」、それに対し、お酒やタバコなどの嗜好品や、ワンランク上の牛肉のような贅沢品、さらに衝動買いしてしまったものなどは「ほしかったもの」に分類します。

このように分けてみると、「ほしかったもの」が意外と多いと気づくはずです。「ほしかったもの」というのは、基本的に「我慢しようと思えば我慢できる」ものですから、生活費をやりくりする際にはこちらから減らしていきます。

「必要だったもの」を少しでも減らすと、生活の質や満足度は急激に落ち込みますが、「ほしかったもの」なら半分程度に減らしても、それほど生活の質や満足度は落ち込まないでしょう。

ただし、ここで注意していただきたいことがあります。

それが何かというと、**「ほしかったもの」でも極端に減らすのはやめることです。生活には潤いも必要です。無理のない範囲で心がければいいと思い**

ます。

第二次世界大戦中には「贅沢は敵だ！」「日本人なら、贅沢はできないはずだ！」「足らぬ足らぬは工夫が足らぬ」などといったスローガンが流布《るふ》しました。これは戦争が長期になると予想され、生活物資が不足したために起きたことなのです。

現代のように物資が潤沢にあるなかで、「ほしかったもの」を削りすぎると、「なんのために生きているのかわからない」「こんな生活をあと何年続ければいいのか……」などという暗い気持ちになってしまうかもしれません。やりすぎには注意しましょう。

◇生活費のやりくりはなぜ、1週間単位がおすすめなのか

日常の生活費を抑えるのはかなり大変なことです。日々苦労しているという人も少なくないでしょう。そんな人に紹介したいのが、「ホーソン効果」という心理を応用した生活費のやりくり法です。

ホーソン効果とは「監視や観測をしていると、その人の行動が改善される」という心理現象で、以前流行した「レコーディング・ダイエット」がその典型例です。

レコーディング・ダイエットは、「○○の摂取を控える」などといったこれまでのダイエット法とはまったく異なり、食べたものと体重を毎日ノートにメモするだけというシンプルなものでした。

簡単ではありますが、「クッキーを食べたら体重が1キロ増えたから、や

はりお菓子はやめておこう」「野菜中心の食事に変えたら、体重が2キロ減った」といったように、原因と結果の関係が明確になるので、自然と食生活（行動）が改善されるというわけです。

これを生活費のやりくりに当てはめると、**「支出を抑えるためには、買ったものや光熱費をメモしておく＝家計簿をつける」のが大切になります。**これが「監視や観察」に当たり、その結果、無駄な買い物をしていると、そのことに気づきやすくなるし、節約もしやすくなる（行動の改善）というわけです。

それに加えて、私は「生活費をうまくやりくりしたければ、週単位で家計簿をつけるといいですよ」とアドバイスしています。

ほとんどの人が、「どうして月単位ではなくて、週単位なのか？」と思うはずです。日本では給料が月単位で支払われることが多いため、「収入・支出も月単位で計算するもの」と思い込んでいる人が多いのでしょう。

しかし、たとえば夏の気温が例年に比べて高いと、大都市圏では7～9月にエアコン代（電気代）が連続してかなりかかるでしょうし、寒冷地なら冬場の数カ月で暖房費が光熱費の予算をオーバーしてしまうでしょう。

こんなことが続くと、「生活費が一定しないから、やりくりしても無駄では……」という気持ちに傾きがちです。

その点、**1週間単位でやりくりする習慣をつけると、確認すべき領収書の量も減るし、生活費の変動幅も月単位よりはるかに小さくなり、何が無駄なのか、すぐに把握できるようになります。**

「だんだん寒く（暖かく）なり始めたら、次週の予算は1万円プラス（マイナス）しよう」などと予測もつけやすくなります。

さらに1週間単位のやりくりに変えると、心理的負担も少なくなります。

目標を切り刻んだほうが気持ちの負担を減らせるのですが、その場合の「目標」は、お金を貯めるときだけでなく、お金を使うときにも使える心理テクニックです。

たとえば、「今月の支出は16万円だ」というのと、「今週の支出は4万円だ」というのでは、心理的負担はまったく違ってきます。現実的には、後者のほうが支出額が大きくなる場合が多いのですが、心理的負担は逆に小さくなります。

「家計簿をつけるのが嫌い」という人にその理由を聞いてみると、「支出の多さにストレスを感じる」と答えるケースが多いようです。

定年後に収入が少なくなると、ますます「支出」という言葉に敏感になり、ストレスを感じるようになりますから、出ていく金額は小さくするに越したことはないでしょうね。

◇限られた年金でも赤字にならない暮らし方

本を出している関係でフリーの編集者ともつきあいがあります。フリーの人は組織の縛りがないので、自分のペースで仕事ができ、腕一本で生きている様子はさっそうと映ります。

ただし、年齢を重ねるにしたがい、見えない苦労が増えていくようです。もちろん、定年はないのですから、いつまでも仕事ができるわけですが、実際はしだいに仕事が減っていくケースが多いようです。あるいは、そろそろゆったりとした時間を楽しみたいと、あえて仕事を減らしている人もいるようです。

公的年金は国民年金だけ。フリーランサーだけでなく、商店や農業、漁業など自営業の人をカバーする国民年金の支給額は、厚生年金の半分にも満たないレベルで、年金暮らしはかなり厳しいのが実情のようです。

フリーの女性編集者のSさんは、数年前から年金を受給しています。シングルを通した人なので、夫の年金という支えもなく、国民年金一本です。そろそろ自分の時間を楽しみたいと考え、仕事を抑えて趣味の活動を楽しむようにシフトしています。

生活費の予算枠は、現役でバリバリ仕事をこなしていた頃の半分ほどに縮めたそうです。でも、ときどきは旅行も楽しめば、割り勘でお酒を飲むというような席にもよく顔を出します。

あるとき、そうした暮らし上手のコツを尋ねたところ、**「赤字はできるだけ早く埋め、長く持ち越さないことが大事」**と、明快な答えが返ってきました。このあたりにも、彼女の聡明さがよく表れています。

毎月の生活費予算を日割りにすると、一日に使えるお金はいくら、と出てきます。楽しい誘いなどがあって、その出費枠を超えることがあっても、できるだけ積極的に参加すると決めているそうです。

その代わり、翌日からは超節約モード。

たとえば、冷蔵庫のありあわせで1日か2日すごして支出を抑えたりもしています。こうして短期間に赤字を解消していけば、月単位の赤字はめったに出ないとか。

「毎日の予算枠は決まっているけれど、ゴムひもみたいに伸ばしたり、縮めたりして暮らすんです」と、またしても明快な言葉が飛び出します。

毎日、使ったお金を書き出し、今月は今日までいくら使ったか、合計額も書き出します。こうすると、今月は残り何日ある、予算はいくら残っている。あるいは、もうこれだけしか残っていないから締めていこう、などと自分なりの調整力が働きます。これも、大きな赤字を出さないためのコツだそうです。

月末にはその月の出費を見直し、不要な出費だったと思えるところには赤線を引いて、しっかり自己反省もしています。

ふだんから節約しているので、毎日、出費を書き出すのにかかる時間はせいぜい2、3分。月末のチェックと反省でも数分程度です。こうした時間を持つようにしてから、赤字を出したことはないと自慢していました。

限られた枠内の年金暮らしだからといって、四六時中、倹約ばかりでは疲れてしまいます。人生はまだまだ長いのです。

行きたいところには出かけていく。でも、その後でしっかり締める……。こんな緩急自在の賢いマネー管理術で、せめて気持ちだけはおおらかに暮らしたいものです。

◇中古品の処分はリサイクルショップで

リサイクルショップというと、ブランド品や高級腕時計を売り買いするところというイメージが強いかもしれません。実際、テレビなどでは、高級ブランドバッグなどをリサイクルショップで査定してもらい、いくらの値段がつくかハラハラドキドキしている視聴者の姿がよく映し出されています。

しかし、現実的にはブランド物一色というショップは少なくなり、むしろ実用品や日用品の割合が増えていて、誰でも気楽にリサイクル品の売り買いができるようになっているようです。

とくに使用期間の短い子供用品や医療用品、介護用品などは需要が高く、年々利用者は増えているのだとか。高齢者の利用が増えるにつれて、介護用品や健康グッズなどの需要が増え、そこそこの値段で取り引きされているそうです。しかも、リサイクルショップの大半は委託販売で、不要になった品を持ち込んで店に展示してもらい、売れたらその額の何パーセントかを得るシステムのところが多いので、売れなくてもなんのリスクもありません。
ですから、もし自分の持っているもので、まだまだ価値のあるものや役に立つものがあれば、身近なリサイクルショップに持ち込んでみるのもいいでしょう。ただ、自分で考えている品物の値段と市場価値には開きがあることも少なくないので、金額的にはあまり期待しないほうがいいかもしれません。

オークションやバザーに出すという方法もあります。
とくに**オークションは、意外な高値を呼ぶ場合もあるので侮《あなど》れません。**大量生産で作られたものよりも、専門的な分野でのみ使われるものや、一部の愛好家の間で評価されるようなものに高値が付くようで、時には出品した本人が驚くような落札価格になることもあるようです。

一方、バザーは、利益を求めるというよりボランティアで提供するという意味合いが強いので、売り上げはあまり期待しないでおきましょう。

それよりも、自分が提供した品を買ってくれる人がいて、「いいものをありがとうございます」などと喜ばれたりするのがバザーの醍醐味です。

生活がかかっていないのなら、リサイクルショップやオークション、バザーなどでの売買は、遊び心のある「お店屋さんごっこ」の延長と考えて、お客さんとのコミュニケーションを楽しんでみてはいかがでしょう。

また、リサイクルのしようがない粗大ごみなどは、自治体の廃棄物担当部署に問い合わせてみるのがいいでしょう。

都市近郊を中心に、「ご不用となったものは無料で引き取ります」などとアナウンスを流しながら車で回っている業者のなかには、実際に依頼してみると法外な金額を請求するケースもあるようですから要注意です。

◇お金を使わずに中古品を処分する

不用品の処分を考えるときに、リサイクルショップに持って行く以外の方法もあります。

最近は「中古品をあげます・譲ります」といった地元の情報を無料で載せてくれるインターネット掲示板があります。いわば年中開いている地域のバザーのようなものですから、賢いシニアなら、これはチェックしておきたい情報です。

たとえば、独立した子供が使っていた家具や本を誰かに譲りたいとか、来月生まれる予定の孫にベビーベッドを用意してあげたいという希望があれば、こうした掲示板を利用するのもひとつの方法です。

同じインターネットの掲示板でも、広域版ではなく、自分の住む町かその

近隣に限定したものであれば、譲り受けや引き渡しが簡単です。もちろん、受け取る人が車を出すのか、謝礼はどうするのかなど、それなりのルールがあります。

今は家電や家具も処分するのにお金がかかる時代です。近所の人が気持ちよく使ってくれるなら、うれしいではありませんか。

とくに冷蔵庫や洗濯機など、まだ使えるものを買い替える場合は、近隣の方にもらっていただくのがいちばんです。

また、インターネット以外に市町村の広報誌などで、「あげます・譲ります」の地域サービスを掲載しているところもたくさんあります。

これらのサービスを活用すれば、お金を使わずに暮らしを快適にすることも可能ですから、一度試してみるのもいいでしょう。

結局は、こうしたことが節約につながるのです。

◇「質素な暮らし」ではなく「簡素な暮らし」

老後は、暮らしを少しずつスリムにしていくほうが自然です。それはリタイアして年金で暮らすにしても、仕事を続ける生き方を選んでも同様です。暮らしの贅肉を落とし、スリム化を心がけるとき、いちばん大事なことはなんだと思いますか？

「簡素」と「質素」をはき違えないことです。

簡素とは、禅の言葉でよく使われる言葉で、「無駄なものを削ぎ落としていく」こと。本当に必要なものであれば、あるいは本当にほしいと思うものなら、高価であっても迷いなく買い求めますが、自分にとって必要がないものは、ふだんよりかなり安い価格がついていて「買い得だなあ」と思っても手を出さない……。そんな姿勢をいいます。

ある禅僧は「簡素な暮らしは心を磨くもと」と語っています。また、千利休は「茶禅一味」(「茶の湯と禅の本質は同一であるべき」という意)と言い、ついには「家はもらぬほど、食事は飢えぬほどにて足りることなり」という境地に達し、茶室も2畳ほどの小間《こま》を好みました。

茶杓《ちゃしゃく》などは庭の竹を削って作ったものを愛用するなど、一見ケチケチ生活でしたが、その精神性は崇高で奥深く、究《きわ》められたものだったのです。

一方、質素は、「質素倹約」という言葉があるように、いつも節約を心がけ、買い物をする場合も少しでも安いものを探して買う……。そんな暮らし方をいいます。その結果、やたらに価値が低い、安物に囲まれた暮らしとなり、心まで貧しくなってしまいます。**やりくりして暮らすからといって、「貧すれば鈍する」になってはいけません。**

人生の実りの時期ともいうべき老後は、心の豊かさこそを大事にしたいもの。「簡素」を旨としていれば、慎ましい日々であっても、凛《りん》とした気品が漂う暮らしになるでしょう。

私の知り合いに二人の女性がいます。

ひとりは3年ほど前に65歳になり、国民年金生活に入ったそうです。国民年金の支給額は満額で月々6万円強と、なかなか厳しいもの。彼女は近くのパン屋さんでパートをして、足りないぶんを補っていますが、そうしたなかでも、毎月1日と15日には好きな花を1、2輪買い、部屋に飾っています。

一方、もうひとりの女性は、「節約、節約」と言いながら、バーゲンという言葉にめっぽう弱く、つい衝動買いをしてしまうことが少なからずあります。でも、仏壇の花は途絶えがち……。

どうでしょうか。二人の暮らしを比べてみれば、言うまでもなく、前者が「簡素」な暮らしです。やりくりしながらの暮らしではあっても、前者のように華美や豪奢《ごうしゃ》とは距離を置きながら、でも心はこのうえなく豊かな暮らし方をめざしたいものですね。

◇「足りなくなったら買いに行く」から卒業しよう

「できるだけお金を使わない暮らし」をゲーム感覚で楽しんでいる「節約の達人」がいます。

Hさんはつい3、4年前まで、六本木に事務所を構え、さっそうと仕事をしていたイラストレーターです。おしゃれでかわいいイラストは、かなりの人気がありました。ところがHさんは60代前半であっさり引退を宣言すると、ひとりで岐阜の農村に住みついてしまいました。

彼女は東京生まれの東京育ち。岐阜には縁もゆかりもありません。仕事でこの地を訪れたとき、朝靄《あさもや》に煙る光景が神々しく見えたことに感動すると、その1年後に身辺をすっかり整理し、猫1匹を抱き、自分で車を運転して引っ越しました。運転免許も、田舎暮らしを決意してから取得したというから天晴《あっぱ》れです。

ところが、です。憧れの田舎暮らしだったものの、最初のうちは驚きと困惑の連続だったといいます。

これまでは「何かほしい、何かが足りない」と思えば、24時間営業のスーパーなどですぐ手に入りましたが、岐阜の引っ越し先は、いちばん近いコンビニまででも車を使って出かけなければならなかったのです。

でも、彼女はそんな「不便な暮らし」を楽しいものに変えてしまいました。今では「足りないものがあったら、手元にあるもので工夫する」ことに徹しているそうです。

少し前のこと。サインペンを使い切って、必要なときに書き物ができなくなってしまったそうです。

東京時代なら、すぐに100円ショップかコンビニに駆け込むところでしょうが、岐阜の田舎町には徒歩で行ける店がありません。かといって、サインペン1本のためにわざわざ車を出すのも億劫です。そこで彼女は一計を案じました。

それが何かというと……。

「ワインのコルク栓の先をちょっと燃やして、その煤《すす》をサインペンの先につけて書いてみたの」

彼女はそれで見事に急場をしのいだとのこと。

「ちょっとオーバーだと思うけど、やったぁ！　という気持ちになったわ」

以来、彼女は、何かを使い切ったときは、すぐに新しいものを買いに行くのではなく、ほかのもので間に合わせることができないかな、と考えるようにしているそうです。

都会暮らしを卒業し、田舎で老いを迎え入れる人生のステージに入った彼女は、出費を抑え、あるもので工夫しながら暮らしています。それは「ボケ防止に最高」とのことですが、老後の正しい姿勢なのは間違いのないところでしょう。

東京時代は、有名店のお菓子などを送ってくれたものですが、最近は「近くの農家から豆を分けてもらったので、ストーブでじっくり煮ました」と、豆料理や自家製のフキ味噌などを送ってくれます。

そのなつかしい味わいからは、彼女の正しい姿勢がじんわりと伝わってくるようです。

◇行政に頼るのは恥ずかしいことではない

私の患者さんに、71歳のひとり暮らしの女性がいます。要支援（多少の支援や部分的な介助が必要）の認定を受けていて、それほど多くない年金だけで暮らしているそうです。

経済的には余裕があるとはいえない状況ですが、いつも身ぎれいにしていて、医師の私から見ても健康状態はおおむね良好です。

髪もきれいにしています。あるとき、「いつもお元気そうですね。髪の手入れもよくしていらっしゃるようで」とお聞きしたことがあります。

すると、こちらの考えを見透かしたようにこう答えてくれました。

「役所がいろいろと面倒見てくれるんですよ。自分は足が悪くて遠くまで外出できませんから、役所が人をよこしてヘアカットまでしてくれます。いちおう何がしかの税金を払ってきたわけだから、使えるサービスはどんどん使おうかと思っています」

厚生労働省の「国民生活基礎調査」(令和3年)によると、高齢者(65歳以上)世帯の所得は、2014年=297万3000円、2018年=312万6000円、2020年=332万9000円と、いずれの年も全世帯の平均所得を大きく下回っています。また、高齢者世帯では、所得のうちの約60%を公的年金が占めています。高齢者問題の専門家によると、近い将来、シニアの9割が生活困窮者になる可能性があるとのことです。

では、どうすれば、そんな事態を回避できるのでしょうか。
答えは、可能な限り行政サービスを利用することです。
最近は、どの自治体でもシニアに対する行政サービスに力を入れています。

シニアのなかには「施しなど受けたくない」と言って、この手の行政サービスを拒否したり敬遠したりする人がいますが、**これらのサービスは決して「施し」ではありません。ゆくゆくは行政のためになるサービスなのです。**

病気やケガが悪化したり、寝たきりになってしまうと、行政の負担は限りなく大きくなります。逆に元気で暮らすシニアが増えれば、介護サービスや医療保険への支出を減らせます。つまり、**行政サービスは、施しではなく、「転ばぬ先の杖」なのです。**

こうした明確な理由があるのですから、遠慮したり拒否したりせず、使える行政サービスはどんどん利用すべきでしょう。行政サービスは自治体によって異なります。あなたがお住まいの地域の自治体にはどのようなサービスがあるのか、一度確認しておきましょう。調べてみると、「えっ!?　こんなこともやってくれるの?」とびっくりすること請け合いです。

◇地域によっては紙おむつの無料支給も

前項でお話ししたように、行政サービスの内容は自治体によって異なります。詳しく知るには役所のホームページなどを見て確認するしかありませんが、ここでは比較的一般的と思われるものをいくつか紹介していきましょう。

●ゴミ出し支援

シニアのなかには「ゴミを捨てたいけれど、体力的に難しい」「うまく分別できない」などという人もいます。とくに地方では、ゴミの集積所が自宅から離れていることも多く、運んでいけない人も少なからずいるはずです。そんなときに利用したいのが「ゴミ出し支援」です。

たとえば、千葉県千葉市では、要介護認定1～5の方、身体障害者手帳1、2級の方、精神障害者保健福祉手帳1級の方、療育手帳〇AまたはAの方、そのほか市長が必要と認める方のみで構成される世帯のゴミを、ゴミステーションまで持っていく支援を行っています。

●訪問理美容サービス

専門の理容師、美容師が出張してくれるサービスです。

横浜市を例にとると、おおむね65歳以上の要介護4または5に認定されている外出困難な方、または要支援、要介護1〜3の方で心身状況・外出手段・居住環境等の状況を総合的に判断し、福祉保健センター長がとくに必要と認めた方が利用できるようになっています。

ちなみに横浜市の利用料は1回2000円（調髪またはカットのみ）ですが、各市町村によって利用できる条件や利用料金は異なります。

●食事サービス

その名のとおり、食事を配達してくれるサービスです。

大阪市の場合、単身またはシニアのみの世帯で暮らす65歳以上のシニアで、要支援1、2または要介護1～5に該当し、食事の調理が困難であること、または栄養改善の必要性が認められ、配食による安否確認が必要と判断された方が利用できます。さらに、会食の世話をしてくれる「ふれあい型食事サービス」も実施しています。もちろん利用料金はかかりますが、ひとり暮らしではどうしても栄養バランスが崩れがちなので、健康維持のためにはぜひ利用したいサービスではないでしょうか。

●紙おむつの給付制度

要介護高齢者の場合、紙おむつや介護食などの介護用品の支出が必要になります。そのため、大阪府堺市では、寝たきりや認知症シニアで、常時紙おむつの使用が必要な方に対し、紙おむつと交換可能な給付券（1カ月につき1枚、1枚当たり6500円上限）を交付しています。

こちらも、要介護者にとってはとてもありがたい行政サービスでしょう。

第4章

健康的な生活がいちばんの節約になる

《健康編》

◇ほったらかしは後が怖い

「健康」は、いちばんの節約です。ここでは、健康にすごすための秘訣について紹介していきます。

現役時代は、毎日駅まで歩くのが当たり前なら、通勤ラッシュにもまれるのも、取引先に足を運ぶのも当たり前でした。とくに意識していなくても、自然と体を動かす機会が多かったのです。

ところが、リタイア後は運動量が激減します。「すっかり体がなまってしまって、皮下脂肪がたまるばかり」という悩みも、あちこちから聞こえてきます。

「若い頃と違って、最近は何をやっても痩せない」

「体重が少しずつ増え続けて、今では2～3年前の服も着られません。食べすぎてはいないのに……」

とくに、**女性にはこうした悩みを訴える人が多いのですが、誰でも年々消費エネルギーは減っていくのですから、これも当然といえるでしょう。**


Aさん（64歳）も、若い頃はスリムな体型が自慢で、「いくら食べても太らない体質」だと思っていたそうですが、40歳をすぎた頃から徐々に体重が増え始め、60代の今はかなりのポッチャリ体型です。

「ときどきダイエットをして2キロくらいは減量できるのですが、その後リバウンドして前よりも体重が増えてしまって、結局は無駄な努力に終わるのです。最近ではもう、あきらめの心境です」

そう冗談交じりに話すのですが、よく聞いてみると、若い頃といちばん変わったのは運動量でした。

高校時代はテニス部の副部長をするほどのスポーツウーマンだったのですが、結婚をして子供ができてからは、運動とはだんだん無縁になりました。

このところは、通勤も、近くのスーパーに行くのも、すべて車まかせで、歩く距離もごくわずかだといいますから、肥満の原因がここにあるのは、ほぼ間違いなさそうです。


ところが、たいていの人は「運動不足なんて、その気になったらいつでも解消できるはず。そんなに心配することでもない」と、楽天的に考えているのではないでしょうか。

しばらく運動不足が続いたからといって、深刻な問題が起きるわけでもありません。**でも、長い間に染みついた生活習慣や日常のクセは、いざ変えようと思っても、そう簡単に変えられません。**

そんな人が定年を迎えて毎日が休日になると、たちまち運動不足が慢性化し、糖尿病などの生活習慣病に対するリスクも、ぐんと高まります。

ましてひとり暮らしだと、「そんなにダラダラしていては……」などと口うるさく注意してくれる人もいません。

やはり現役引退後は、19世紀のアメリカ合衆国の思想家、エマーソンの「健康は第一の富である」という名言を胸に、自分の運動量を毎日把握し、きちんとコントロールする習慣をつけることが大切だと思います。

◇体が発信する微妙な変化のサインをキャッチする方法

65歳以上の高齢者の医療費は、国民全体の医療費の6割を超えています。年齢を重ねるごとに病気が増えていくのはしかたのないことですが、高齢者が多少でも「自分の健康は自分で守る」という意識を持てば、医療費を「節約」でき、現在は赤字を計上している健康保険制度を健全化することにつながるはずです。

何より健康を損なえば、これからひとり老後の晩秋から冬を満喫しようと思っていたせっかくの計画も幻のものとなってしまいます。健康を害することは自分にとっても国にとっても、大きな損失なのです。

年齢とともに体に多少のガタがくるのは、いわば自然現象です。そうした自覚のうえで、「長年使ってきた体をさらに大事に使っていこう」と考える

ようにしましょう。

「セルフ・メディケーション」という言葉をご存じでしょうか。これは先ほどの「自分の健康は自分で守る」ことを意味し、具体的には日頃から自分で体調管理に気をつける生活習慣を持つことなどをいいます。

体調管理の第一歩は、毎日、自分の体を見つめる習慣をつけ、小さな体調変化の兆しを見逃さないことに尽きます。当たり前のことと思うかもしれませんが、これがそう簡単ではないのです。

いちばんのおすすめは、毎日、体重や血圧を測ること。体重測定からお話しすれば、コツは毎日、決まったタイミングを守ることです。朝、起床して排便を済ませた後か、夕食直後か就寝前に体重計に乗り、結果をグラフ用紙のノートなどに書き込みます。これなら体重変化が一目瞭然となるからです。

「測るだけダイエット」という方法があるくらいで、このグラフの動きを見るだけで自然に食事を意識してコントロールするようになり、望ましい体重を保てるようになります。

血圧が気になる人は、できるだけ一日に二度、朝と夜に測定しましょう。血圧は一日の間で大きく変動しているので、一日一回の測定では正確を期せないことがあるからです。

朝は起床後の1時間以内。トイレを済ませ、朝食をとる前です。薬などを飲んでいる人はその前に測ります。

夜は寝る直前です。ただし、寝る直前にお風呂に入ったばかりだったり、お酒を飲んでいたりする場合は、ふだんよりも数値が高くなるのでパスしましょう。

血圧もグラフにすると、上がったり下がったりがひと目でわかり、変化に気づきやすくなります。毎日、継続することで見えてくるものがあるわけです。

軽い頭痛があるとか、どうも食欲がないなど、体調に気になる点がある場合もノートに書いておきます。

こうして体に意識する習慣が身につくと、同じ疲れでも、「今日の疲れ方はちょっと違う」と感じるなど、体が発信する微妙な変化のサインに気づくようになっていくはずです。「自分の体に対するセンサー」が磨かれていくのです。

このように、加齢にともなってセンサーをよりシャープにしていけば、警戒サインをいち早く感知でき、大きな病気を早期発見したり、発作を起こす前に気づくことができ、大きな破綻に至らないで済むことが多いのです。

◇病気をしても「一病息災」と考える

74歳のKさん（女性）は、ちょっとした風邪で3日ほど寝込んでしまいました。その間、解熱剤を何度か飲んでも熱がなかなか下がりませんでした。「昔なら、ひと晩しっかり寝れば治ったはずなのに……」

Kさんは、そのことでも落ち込んでしまいました。解熱剤にお金をかけてしまったことも影響しているようです。

どんなに元気な人でも、高齢になるにつれて病気にかかりやすくなります。年齢とともに体力や免疫力が衰えるからです。

しかも、若い頃なら軽い症状で済んでいた病気でも重症化する傾向があります。Kさんが「ちょっとした風邪」で3日も寝込んでしまったのもそのためでしょう。

たしかに日本人の平均寿命は年々伸びています。だからといって皆が皆、元気なわけではありません。持病をひとつも抱えていない人はむしろ少ないでしょう。でも、もし持病があったとしても、あまり悲観することはありません。

『アンパンマン』の作者として知られた、やなせたかしさんは90歳になってもなおお元気でした。いや、元気に見えたというほうが正しいかもしれません。というのも、実際はがんをはじめ、糖尿病、心臓病、すい臓炎……などと持病を数えるとたちまち十指に余ったからです。生前は自ら「十病人」と称していたほどです。

さらにいえば、やなせさんの作品がヒットしたのは70歳を目前にしたときで、それまではずっと不遇の時をすごしてきました。そのうえ70代半ばで奥さんに先立たれ、お子さんもいなかったため、孤独な時間がきわめて長かったといいます。

それでも、やなせさんは2013年に亡くなる寸前まで人生を楽しんでいたように見えました。それはもしかして、長い長い不遇の時代や体を蝕《むしば》む病、そして孤独などのマイナスがあったからこそ、その裏返しとして際立っているのではないでしょうか。

そして、結果的に人生を楽しみ、幸せを味わう名人になることができたのです。

「病気になったことに感謝しましょう」とまではいいませんが、少なくとも「いつ病気になってもおかしくない年齢なのだ」と自覚して暮らせば、病気やケガ、孤独死などの恐怖に過剰に苛《さいな》まれることはなくなるでしょう。また、**自覚していれば、そのときのための資金も貯めておくことができるでしょう。**

そして、もし病気になってしまっても落胆しすぎないことが肝心です。

どっと落ち込みそうになったら「一病息災」という言葉を思い出してください。

これは「無病息災」をもじったもののようで、「人はちょっとした病気があるくらいのほうが体に注意するようになるので、無病の人よりも健康が続くものだ」といった意味合いです。心したい言葉ですね。

◇病気や不安に慣れることも必要

やや長くなりますが、71歳の女性の独白を紹介したいと思います。

「3年ほど前に夫に先立たれてからひとり暮らしをしています。寂しくないといえばウソになりますが、それほど不自由さは感じずにここまですごしてきました。死ぬまでこのままひとりで住み慣れた家で暮らそうと思っていたのですが、つい先日、熱を出して、その決心が揺らぎ始めました……。

高熱が出てひとりで寝込んでいるときはとても不安で、『インフルエンザだったらどうしよう。いや、コロナかもしれない。このまま死んでしまうかも……』との思いに取りつかれ、何度も何度も救急車を呼ぼうとしました。

3日目に熱が少し下がったので、タクシーを呼んで病院に行きました。幸いインフルでもコロナでもありませんでしたが、ひとり暮らしの寂しさや不安を痛切に感じ、孤独死という言葉が何度も脳裏をよぎりました……」

病気やケガをして心細くならない人はいないでしょう。ましてや、ひとり暮らしともなるとなおさらです。元気なうちは「ひとりでなんとかなる」と強がっていても、体の自由がきかなくなったり寝込んだりすると、「やっぱり誰かの助けがないと無理かもしれない」と思ってしまうものです。

この心配がさらにふくらむと、「自分は孤独死するのではないだろうか」という不安が頭から離れなくなります。意外なことに、**若い頃に「病気ひとつしたことがない」という人ほど、このような不安に強く苛まれる傾向があるようです。**病気に対する免疫がないからかもしれませんね。

私の知り合いに、身長１７５cmを超える筋肉質の男性がいます。これまで「はしか、おたふく風邪以外の病気にかかった覚えがない」という人ですが、そんな彼にちょっとした異変が起きたのは74歳になったときでした。

ある日突然、右耳の聴力が落ちているのに気づいたのです。あちこちの病院にかかり、検査を受けましたが、原因はまったくわかりません。完全に聞こえなくなったわけではありませんが、彼は「年をとったなあ」とガックリきて、「こんな調子で体のあちこちにガタがきて死んでしまうんだ」と悲観的になってしまいました。それからというもの、出歩くのも億劫になって、引きこもり気味の生活を送っているようです。

たくさんの持病を抱えている人からすれば、「軽い発熱」や「聴力が少し落ちた」程度では病気のうちに入らないのかもしれませんが、これまで大病をしてこなかった人は、ちょっとしたことでも不安になり、大きなストレスを抱えてしまうのです。**こうしたことは不慣れからきているように思います。その意味でも多少は〝病気慣れ〟しておいたほうがいいのかもしれません。**

◇人間ドックの出費はリーズナブルと考える

サラリーマンや公務員など、現役で仕事をしている間は会社や役所で定期的に健康診断を受けているのが普通です。扶養家族である奥さんも、会社の指定する病院などで健康診断を受けているケースも多いはずです。

定年というのは、こうした企業主体の福利厚生制度からはずれていくことでもあるわけです。一般的には、その頃から健康状態にほころびが見え始めます。そんな時期になって定期的に健康診断を受けられなくなるのは、なんとも皮肉な話だと思います。

私は、「老いの兆し」を感じるようになったら一度、精密な健康診断を受けるとよい、とおすすめしています。銀婚式（結婚25周年）を迎えた、ひとり暮らしを始めた、還暦になった、定年退職した……といった**人生の節目に**

人間ドックに入り、全身の点検をしてみてはいかがでしょうか。

ときたま「市の健康診断を毎年受けているから自分は大丈夫」という人もいますね。たしかに市町村の健康診断、あるいは企業などでおこなう定期健康診断は基本的な項目は押さえてあります。でも、いよいよ老いに向かう時期に受ける健康診断の内容としては「必要最小限度」と考えておくくらいにしましょう。

ただし、人間ドックでは健康保険が使えないので、それなりの費用がかかります。含まれている検査項目や病院によって違ってくるので一概にはいえませんが、半日ドックで数万円、1泊2日のドックなら7、8万〜十数万円からというあたりが目安でしょうか。

可能なら、脳ドックやPET（ポジトロン断層法）によるがん検診など、もっと精度の高い専門的なチェックも受けておけば、いっそう安心です。

この安心感は「どこかおかしいのではないか」と病気や体調の不安におびえず、毎日、平穏な気持ちで暮らしていくためのよりどころとなります。決して安くはありませんが、人間ドックの費用は結果的にリーズナブルな出費といえると私は考えています。

もしどこかに異常が見つかったら、むしろ幸運だと考えましょう。そのまま気づかずに暮らしていけば、より悪化してから病院に駆け込むことになり、治療には多くの時間やコスト、苦痛や心配がかかることになってしまいます。

貴重な老後の時間を「病院とのつきあい」に費やすことほど、もったいないことはないと思います。

◇愚痴はなぜ、女性に聞いてもらったほうがいいのか

フランスの箴言《しんげん》作家ラ・ロシュフコーは、「語り合ってみて理性も好感も感じられない人間が多いのは、自分の言いたいことで頭がいっぱいで、相手の言葉に耳を貸さない連中が多いからだ」と語っています。

耳の痛い言葉ですが、人間は本来、他人の話を聞くよりも自分の話をするほうを好みます。不満や愚痴はとくにそうですね。

なぜ話したがるのかというと、自分が抱えている不満や愚痴を口に出すとスッキリすることを経験的に知っているからです。これは「カタルシス効果」という心理作用で、フロイトが精神療法として取り入れたほど効果があるものなのです。

しかし、昔気質のシニアのなかには「愚痴は絶対に言わない主義」という

人も少なくありません。69歳のある男性も、そんなひとりでした。

子供の頃から父親に「愚痴を言うのは男の恥」と言われて育ってきたので、仕事や人間関係に不満を感じても、ずっと口に出せませんでした。

すると、50歳を超えてから首に赤いブツブツができるようになり、同時に背中にも痛みが出始めたのです。病院へ行くと、「帯状疱疹《たいじょうほうしん》」との診断でした。帯状疱疹は水痘帯状疱疹ウイルスが原因で発症する疾患です。

この男性は、「ストレスを溜め込んだ場合も、免疫力は低下するのですよ」と医師に言われてハッとしました。不平不満を溜め込むあまり、それがストレスになっていたと自分でわかったからです。

それからは、奥さんにときどき愚痴を言うようになりました。「またなの」という顔をされることもあるようですが、言い終わった後は気分爽快で、帯状疱疹もすっかり回復したそうです。

この男性がラッキーだったのは、奥さんがいたことでした。なぜなら、愚痴を聞いてもらう相手は男性よりも女性のほうが適しているからです。

男性のなかには「女性に愚痴など言えない」と強がる人もたくさんいます。でも、男女の脳には構造差があるため、話は女性に聞いてもらったほうがいいのです。女性の脳は、男性に比べて右脳と左脳を結ぶ脳梁《のうりょう》という神経の束が太く、しかも大脳皮質と大脳辺縁系をバランスよく動かすことができるとされています。

愚痴を聞いたことがある人ならおわかりだと思いますが、聞くほうにとってもストレスになります。このとき、最もストレスを感じる脳の部位が大脳皮質という部分です。脳梁が細い男性の場合、そのストレスが左右どちらか一方の大脳皮質に集中する傾向があり、耐え切れなくなってしまうのです。その結果、「もうやめてくれ」「聞いていられるか！」などと捨てぜりふを残して逃げ出すことになります。これでは愚痴を言った人はストレス解消になるどころか、逆にストレスになってしまいますね。

その点、女性は愚痴というストレスを受けても、それを左右の脳に振り分けることができるので、話が終わるまで耐えられるわけです。しかも、女性は物事を感覚的にとらえる傾向があり、「それはあなたが悪いでしょ」「ダメだわ」のように断定的でネガティブな意見よりも、「なんとかなる気がするわ」といった漠然としたポジティブな言葉を口にする傾向があります。

愚痴を言う人は、その問題を突き詰めて相談したいわけではありません。ただ、愚痴を聞いてもらい、慰めてもらいたいだけです。そのため、女性が口にする漠然としたポジティブな言葉を聞くと、心が満足してストレスが消えていくのです。

これもお金がかからない健康法ですね。**ひとり暮らしの人は、愚痴を言える女友だちを〝確保〟しておいたほうがいいかもしれません。**

《食事編》

◇ひとりになったら鍋やフライパンのサイズを見直す

食事は「腹八分目」を心がける。

これは成長期を除いて、年代を問わない健康の鉄則です。

厚生労働省の「年齢別基礎代謝基準値と基礎代謝量（平均値）」によると、50〜69歳の1日の基礎代謝量は男性で1400kcal、女性で1100kcal。70歳以上になると男性は1290kcal、女性は1020kcal。ちなみに30〜49歳では男性は1530kcal、女性は1150kcalです。

シニア世代からは「若い頃のように食べられなくなった」という声をよく聞きますが、基礎代謝量の低下にともなって、体が自然に働かせる調節機能の結果といえるでしょう。いってみれば自然現象です。**食べる量が激減でも**

しない限りは、特段、心配することではありません。

さらにいえば、運動量も減ってくるのですから、老いの兆しを感じる年代になったら、「腹八分目」、さらには「腹六分目」くらいで十分と感じるのが自然ではないでしょうか。

それなのに、年齢を重ねても食事量はそう減っていない人が少なからずいるようです。

その大きな理由のひとつは、これまでの習慣から、つい、おかずや味噌汁などを作りすぎてしまうことでしょう。作ったものは「ちょっと多いかな」と思っても、残すのはもったいないし、と全部盛り付けて食卓に出す……。目の前にあれば、ついひと箸、もうひと箸と余分に食べてしまうことになります。

その結果、高齢者にとっては腹六分目どころか、腹十分目、腹十二分目になったりするのです。

地域の高齢者の家を回って患者さんのお世話をしている訪問看護師の話によると、高齢者のお宅はどこの家でも、たいてい大きな鍋が置いてあるそうです。

家事のベテランの主婦ほど、いちいち分量を量ったりせず、長年の経験で身につけた目分量、手分量で調理するでしょう。鍋が大きいと、目分量、手分量も自然と多めになり、その結果、ひとりにしては作りすぎになりがちです。

そうしたことを避けるためにも、**ひとりになったら、小さいサイズの鍋やフライパンにきちんと買い替えることをおすすめします。**それなりの出費にはなりますが、これが「腹八分目」につながることを思えば、けっして〝高い買い物〟ではないでしょう。

大きな鍋は、子供の家族などが遊びにくるときなどに備えて1、2個残して、あとは潔く処分してしまいましょう。

年をとったら、味噌汁などを作るときにも、面倒くさがらずにひとり分を量って作るように心がけたいものです。

「多めに作って温め直して飲めばいい」という人もいるかもしれませんが、味噌汁は温め直せば味が落ちます。捨てるのはもったいないからといって何杯もお代わりすると、塩分の摂りすぎになり、高齢者の健康にはマイナスになります。

腹七分、腹六分の食事は、多少手間がかかっても、適量を作っていちばんおいしいタイミングで味わう習慣を心がけることから生まれるのです。

◇冷蔵庫を貯蔵庫と勘違いしない

最近は巨大な冷蔵庫を備えている家が少なくないようです。当然、中身もぎっしりと詰まっているのでしょう。

ひとりになっても、家族がいたときの習慣が抜けないようで、お昼過ぎになるとなんとなく商店街をぶらりと歩き、スーパーにも立ち寄ります。帰りは、せっかくきたのだからと、手には必ず何かがぶらさがっています。

他人事ながら、さらに増えた冷蔵庫のストック食品はどうするのだろう？　生活費だってよけいに出ていくだろうし、と気になってしまいます。

冷蔵庫に入れておけば2、3日は大丈夫。そんな過信があるのかもしれませんが、基本的には食品は買ってきたときがいちばん鮮度が高く、味もいいのです。「まだ大丈夫のはず」が大丈夫ではなく、取り出した食品がカビていた、腐っていたという経験は誰にでもあるでしょう。

冷蔵庫の中は、意外と腐敗しやすい環境になってしまっていることが多いのです。

冷蔵庫の中の温度は平均1～5度くらい。とはいっても、扉を開けるたびに冷気が逃げ、同時に温かい空気が入り込みますから、そのたびに一気に7～8度まで上がってしまうことも珍しくないようです。

この7～8度という温度は、雑菌の繁殖が始まる温度でもあります。冷蔵庫に入れておいたのに、想像以上に早く腐敗していて驚くのは、たぶん開閉を頻繁にした結果でしょう。

家庭用の冷蔵庫内の温度はＪＩＳ規格で定められています。それによると冷凍庫の適正温度はマイナス20～マイナス18度です。しかし、冷凍庫も扉の開閉によって外気が入り込むと、温度が上がってしまいます。

マイナス5度〜マイナス8度だと見た目には魚も肉も凍っていますが、食材の組織内の氷はすでに解け出していて、それが再冷凍されると大きな氷の粒になります。長く冷凍庫にあった食品の味が落ちてしまうのは、ほとんどが「冷凍→解け始める→再冷凍」を何度か繰り返したためと考えられます。

つまり冷蔵庫も冷凍庫も、基本的には「食べ物や食品を一時的に保管しておくところ」であり、決して食品ストッカー（貯蔵庫）ではないのです。そう認識を改めるべきでしょう。

スーパーに行く前には、必ず冷蔵庫や冷凍庫をのぞいて在庫を確認する習慣をつけるといいでしょう。のぞいた結果、「今日はスーパーに行く必要はない」という結論になれば、余計な出費も抑えられます。

◇肉よりも蕎麦のほうが血糖値を上げる

糖尿病になる人の数は、年齢とともに増加します。厚生労働省の「国民健康・栄養調査」（令和元年）によると、20歳以上の男性の場合、「糖尿病が強く疑われる者」の割合は19・7％となっています。年齢別では30〜39歳は１・6％、40〜49歳は6・1％、50〜59歳は17・8％、60〜69歳は25・3％、70歳以上では26・4％となっています。これを見ると明らかのように、年を重ねれば重ねるほど糖尿病になるリスクは高くなるのです。

糖尿病は、インスリンというホルモンが十分に働かず、血液中を流れるブドウ糖という糖（血糖）が増えてしまう疾患です。糖尿病では自覚症状がほとんどないまま、さまざまな合併症を起こしてしまいます。恐ろしい病気といっていいでしょう。

しかし、食べ物のカロリーに気を配ったり、油の摂りすぎに注意したりしている人は多くても、糖質の量はあまり意識していない人が多いのではないでしょうか。

ざる蕎麦と豚肉の生姜焼きでは、どちらが血糖値を上げるか、ご存じでしょうか。

血糖値を上げる主な要因は糖質（炭水化物）ですから、二つの糖質量を比べてみましょう。すると、生蕎麦はゆでる前の状態だと100グラムで56・4グラム、豚肩ロースは100グラムで0・1グラムです。**蕎麦は一見すると淡泊でいかにもヘルシーなのですが、実際にはなんと豚肉の564倍もの糖質があるのです。**

米、パン、うどんや蕎麦などの麺類といった穀物ベースの食べ物は軒並み高糖質です。それに対して肉、魚、卵、チーズといった動物性たんぱく質を多く含む食品の糖質はごくわずかです。

このような知識を頭に入れて、栄養バランスを考えながら、糖質に気をつけた食生活にシフトすれば、健康的な体質を手に入れることは可能です。これまでのカロリー神話から少し離れて、新しいヘルシーライフに挑戦してみてはどうでしょうか。

では、家で料理をする場合やスーパーで食品を買う場合、どのように糖質をコントロールすればいいのか、その注意点を確認しておきましょう。

商店で売られている食品にはたいていの場合、栄養成分が表示されています。食品のパッケージの裏や側面に示されているこの表が大事なポイントになります。

表には、1袋当たりまたはグラム当たりのカロリー、炭水化物、糖質、脂質、たんぱく質の量などが表示されているので、これを見て食品を選ぶ参考にします。

栄養成分表では、炭水化物で表示しているものと糖質で表示しているものがあり、ちょっとわかりにくいかもしれませんが、糖質が示されていないときは、炭水化物の量を見るとだいたいの量がわかるでしょう。糖質量の計算方法は「糖質＝炭水化物－食物繊維」となります。

また、インターネットでも食品の糖質量を計算してくれるサイトがいろいろとあります。

食品を選ぶときには必ず栄養成分表を確認するという習慣が、糖尿病にならない生活、ひいては医療費が少なくて済む生活を実現する近道だといえるでしょう。

◇食が細くなったことを気にする必要はない

「以前よりもごはんが食べられなくなった」

「昔はなんでもおいしく感じたのに今は……」

悩みとまではいえないかもしれませんが、こんなことを気にしているシニアが少なからずいらっしゃいます。

でも気にする必要はありません。いってみれば、**これは一種の自然現象で、ほとんどの人は年をとるにつれて、食が細くなっていくのが一般的です。**かつては大食い自慢だった人でも、ご飯をお茶碗1杯食べきれない人もいるでしょうし、大好物だった焼肉なのに2～3切れでもうたくさんという人もいます。

こうしたことをネガティブにとらえ、なんとか食べようとがんばっているシニアもいますが、そんな必要はありません。年齢とともに食が細くなっていくのは、胃腸の働きが弱くなったのと、基礎代謝量（呼吸や体温維持など生きていくうえで最低限必要なエネルギー量）が減ったためです。

たとえば、50歳以上では、男女とも基礎代謝基準値は、6〜7歳の半分以下なのです。

つまり、シニアになってからも若い頃と同じものを同じ量食べていると、胃がもたれて体調を崩したり、体重がどんどん増えてしまったりということになります。

ですから、「がんばって食べよう」とは思わずに、「少食で済むのだから、そのぶん高級な食材が買える」「食費が減るからよかった」などと気楽に考えましょう。

◇「粗食は長生きの秘訣」というウソ

前項でがんばってまで食べる必要はないとお話ししましたが、「だったら粗食でいってみるか」と考えるシニアもいらっしゃることでしょう。

日頃、栄養をたっぷり摂っている育ち盛りや働き盛りの人が、ときに粗食を交えるのはいいことですが、シニアの〝粗食志向〟はきわめて危険です。

どうしてだかわかりますか。

それでなくても食が細くなっているシニアです。そんな人が貴重なたんぱく源である肉の摂取量を減らしすぎてしまうと、筋肉量や筋力が減少して立ち上がったり歩いたりすることが難しくなります。

これをサルコペニアといい、75歳以上のシニアの２割以上に症状が見られます。

サルコペニアは要介護になる可能性が高い症状です。とくに、日常生活で頻繁につまずくようになったり、手をつかなければ立ち上がれなくなったりした場合は危険信号です。


〝粗食志向〟の人も、もう少し脂っこいものを食べるようにしてください。とくに小食になってきたシニアにとっては、肉類の摂取も大切です。

2週間に一度程度は、高級な牛ステーキをメインディッシュにした〝ひとり豪華ディナー〟も悪くはないでしょう。

江戸時代の儒学者・貝原益軒も有名な『養生訓』に、「人生はたった一度なのだから、大いに愉しむべき」と記しています。節制しすぎるのも考えものということでしょう。

◇やりくり上手だけが知っている食費を減らすコツ

総務省統計局によると、65歳以上の高齢単身者の支出に食費が占める割合は、男性＝約23％、女性＝約20％となっています。決して高い比率ではありませんが、この先、加齢とともに医療費が増えていくことが予想されるので、できれば食費をもっと削りたいと考えている人も少なくないでしょう。健康を害さずに食費を減らす方法はないだろうか……と考えていたときに思い浮かんだのが、ひとり暮らしをする、知人の女性の顔でした。

彼女はカリスマ主婦でも経済評論家でもありません。ごく普通の主婦ですが、仲間うちではやりくり上手として知られています。そんな彼女に「食費を減らすコツ」を聞いてみました。

●食べきれるぶんだけ作る習慣をつける

シニア世帯といえば、ひとり老後を送る人も多くいるはずです。しかし、昔の習慣が抜けずに3人前、4人前の料理をつくってしまう人が多いそうです。当然、食べきれないでしょう。これほど無駄なことはありません。

どうすればいいのかというと、先ほどもお伝えしたようにフライパンや鍋などをひと回り小さなものに買い替えて、食べきれるぶんだけ料理をつくる習慣をつけましょう。すると、買い物をする量も自然と減るようになります。

●毎日買い物をしない

ほとんどのスーパーでは、購入量が多くなるほど単価が安くなるシステムをとっています。そのシステムを利用して、肉類や野菜を数日分まとめて買うようにしましょう。

ただし、まとめ買いする野菜は、ニンジンやジャガイモ、タマネギのように日持ちするものだけにします。肉類は小分けして冷凍しておきましょう。

●献立を決めてから買い物に行く

献立が決まっていないと、どうしても食材を買いすぎるそうです。献立を決めてからスーパーへ行けば、ピンポイントで買い物ができるので、食費削減に効果的な手法です。

この習慣を守っていると、いつもより安くなっているセール品にも惑わされなくなるようです。

●食品に付箋をつけておく

大量買いした食品を小分けにして冷凍したものの、使うのを忘れて半年以上経ってしまった、ということがないように、小分けした食品はジップロックやタッパーなどに入れたうえで付箋をつけ、日付を書き込んでおきましょう。すると無駄にしなくなります。

どうですか。少しずつでも実行してみてはいかがでしょうか。

◇胃腸にやさしい白湯はデトックス効果も大きい

あるお宅を、肌寒い冬に訪れたときのことです。

「お寒かったでしょう」といって出されたのは、一杯の白湯でした。

「えっ⁉　お茶ならわかるけど、ただのお湯？」と思う人もいるかもしれませんが、健康の視点から考えると、お茶よりも先に白湯というのは「上等なおもてなし」といっても過言ではありません。

白湯とは、ただのお湯ではなく、厳密には一度沸騰させたものをぬるく冷ましたものです。ぬるく沸かしたのではなく、一度沸騰させてから冷ますのがポイントです。

そういえば、赤ちゃんの水分補給には白湯を与えますね。どうしてだかわかりますか？　白湯は体にやさしいからです。病人や高齢者にとって、冷たい水は体に少なからぬダメージを与えますから、ひと手間かけて白湯を飲むようにするといいでしょう。

なぜ、白湯は体にやさしく、そのうえ健康にいいのでしょうか。

その理由としては「水道水のカルキが飛び、体への負担が軽くなる」「水のクラスターが小さくなる」という説があり、実際に「飲んだとき口当たりがやわらかく感じる」という人も少なくありません。

確実な根拠としては、体温に近いことがあげられるでしょう。

熱すぎる湯や冷たすぎる水は刺激が強く、体にとって負担になることもありますが、体温よりやや温かい白湯は体に受け入れられやすく、胃腸への負担も小さいというわけです。

体温に近い温かさは、体温を必要以上に上げたり体を一気に冷やしたりせず、血行がよくなります。

ちなみに、内臓の温度が1度上がると、免疫力が30%もアップし、基礎代謝も10%ほど高まるといわれています。

このほか、白湯には体内を掃除してくれる「デトックス効果」があることもわかっています。

温かい白湯が体内に入ると内臓が温まり、その働きが活発になります。すると新陳代謝が盛んになり、腸の中にたまっていた未消化物質や毒素、老廃物などが排出されやすくなるというわけです。

デトックス効果がてきめんにあらわれるのが肌です。肌のくすみが解消されて、みずみずしくて、いきいきとした印象に変わるはずです。とくに高齢女性にはぴったりでしょう。

また、**白湯には利尿効果、便通をうながす効果もあるので、**むくみや、ぽっこりお腹の悩みも解消できるはず。

年を重ねると、便秘がちになる人も増えてきます。そんな人は、朝起きがけにマグカップ1杯程度の白湯を、できるだけ時間をかけてゆっくり飲む習慣をつけてください。しばらくすると、白湯のたしかな効果にびっくりするでしょう。

もちろん、白湯だけではなく、お茶やコーヒー、そして水も飲んでくださ い。大切なのは、こまめな水分補給をして、体をみずみずしい状態に保つことです。

◇低体温は体調不良の原因となる

前項で紹介したように、白湯には体を温める効果も期待できるわけですが、ではなぜ、体を冷やすといけないのでしょうか。

体の冷えがさまざまな不調の誘因と考えられるからです。

ですから、東洋医学では伝統的に冷えの予防や、「体を温めて不調を治す」ことに力を注いできたのです。

近年は西洋医学でも、体温と体の諸機能の関係に着目するようになり、カリフォルニア大学のダニエル・セスラー医師が「平均体温が1度下がると、免疫力は40％ダウンし、反対に1度上がると、免疫力は60％近く増す」と発表しています。

こうした研究の結果、体温が下がると、生命活動を維持するために体内で働く酵素の活動が鈍くなることがわかってきていて、自律神経の働きも鈍くなるため、免疫力が低下すると考えられています。

臨床的な実感からいっても、**体力の低下とともに、体温は目に見えて下がっていきます。**

ところが、風邪をひくとすぐに熱を測るように、日頃、熱が上がることには神経を使いますが、「熱が下がる」「体が冷える」「低体温」にはあまり関心を持たない人が多いようです。

ようやく「冷えと体調不良」の関係が解明されようとしているのですが、皮肉なことに、この半世紀の間に日本人の平均体温は四捨五入で1度も下がりました。

省エネ大国といわれながら、オフィスや商業ビルの中はガンガン冷房が効いているし、街には自販機やコンビニが至るところにあるといっても過言ではない状態で、飲みたいときにいつでも冷たいジュースやビールが飲める環境が整っています。これでは日本人の平均体温が下がるのは無理もないのかもしれません。

移動手段として徒歩が減るなどで全般的に筋肉運動が減ってきたことも、体温低下の原因のひとつでしょう。体温の40％は筋肉運動によって生み出されているのです。

ここに**加齢が重なると、体はいっそう冷えやすくなります。**年を重ねるとともに熱生産と体温調節機能が衰えるため、若いときのような体温を維持しにくくなってくるのです。

「年寄りの冷や水」とは、高齢者が無理することを戒める言葉ですが、若いとはいえない年齢になったら、まさしく文字どおり、冷たいものの飲みすぎや食べすぎ、冬なのにシャワーだけで済ますといったことは控えるようにしたいものです。

第5章

ご近所づきあいにおける**お金のルール**を決める

◇ご近所のつきあいはスマートな割り勘が鉄則

ご近所同士の男性と女性がお茶を飲んだり、食事をしたりしたとしましょう。恋人とか夫婦という関係なら話は別ですが、ただの友だちや知り合いならば、自分が食べたものは自分で支払うのが当然でしょう。

なかには、そうしたシチュエーションでは男性がお金を支払うのが当然と思っている人もいるようですが、そうした関係からは「対等な人間関係」は生まれにくいと考えるべきだと思います。

ご近所同士に限らず、老後の友だちづきあいは割り勘が鉄則ですが、割り勘のしかたは簡単なようで、案外難しいものです。だからこそ「割り勘はスマートに」を心がけるのは大人のマナーといえるでしょう。

男性と女性で食事をした場合は、お店の格にもよりますが、女性がそれなりのお金を男性に手早く渡し、「お会計、お願いできますか」などといえばスマートでしょう。あるいは小声で「ここはいったん、お願いします。外で精算させていただきますね」といって頼む方法もあるでしょう。

先日、銀座にある高級フランス料理店でランチをしたときのこと。こうしたお店のランチタイムには、中年以上の女性が連れ立って食事を楽しんでいる姿をよく見かけますが、その日はさすがに唖然としてしまいました。

どうしてかというと、テーブルの上でそれぞれが財布を片手に、携帯電話の計算機を使って、自分が支払う分を計算し始めたからです。

決して安くはない金額ですから真剣になる気持ちもわからないではないですが、まだほかにランチを楽しんでいるお客もいるのです。

これはスマートではないを通り越して、あまりにカッコ悪いことではないでしょうか。お店の人も、困惑の表情を隠しきれない様子でした。

こうした格式のあるレストランや料亭などでは、誰かひとりがまとめて支払い、別の場所で精算するのがスマートでしょう。

一般的なレベルのレストランならレジに行き、「会計は一人ひとり、別々にしてください」と声をかけ、自分が食べたものを言えば、ちゃんと対応してくれるはずです。

人数が多い場合や、誰が何を何杯飲んだかわからなくなってしまった場合は、「ひとり3000円ずつ」などと大ざっぱな割り勘方式でいいと思います。

細かなお釣りが出たら、飲む量が少なかった人に「あまり飲んでいないようだったから」と渡して終わり！　これでよしとしましょう。あるいは、レジ横に寄付金箱があったら、そこに入れるのもいいかと思います。

お金の支払い方には、その人の心遣いや品性があらわれます。「さすがにベテランは違うな」と言われるような、スマートな支払い方をしたいものですね。

◇気前のいい人になってはいけない

人から言われて気持ちのいい言葉。そのナンバーワンはなんといっても「ありがとう」でしょう。

人は誰でも、「誰かの役に立ちたい」「人から感謝されたい」という気持ちがありますから、「ありがとう」のひとことは心地よく感じるのです。

相手から「ありがとう」を手軽に引き出すには、物をプレゼントする、何かを買ってあげる、食事をおごるなど、「お金を使う」方法があります。

人に親切にしたり誠意を見せたりするなどして感謝される方法もありますが、こちらは手間もかかるし、確実に相手から「ありがとう」を引き出せるとは限りません。

つまり、「ありがとう」をたくさん言われたければ、気前のいい人になればいいのです。

いくら年金暮らしとはいえ、60代以降ともなれば、多少はお金に余裕があるでしょう。

たとえば、ご近所の何人かでランチに行ったとき、もしあなたがいちばん年上だったら、「ここは私にまかせて」と支払いを一手に引き受けたり、ひとり3000円ずつという会計のとき、「お釣りはいいから」と、気前よく一万円札をポーンと出せばいいのです。

そうすれば、参加者から確実に「ありがとう」の言葉をもらえるはずです。


しかし、その言葉は、心からの感謝でしょうか。

きっと、仕事を手伝ってあげたあとの「ありがとう」や、面倒なことをみんなの代わりにやったときの「ありがとう」のような重みはないはずです。

また、**良心や誠意に対する感謝はいつまでも続くのに対して、お金がらみ**

の感謝はその場限りという特徴もあります。

さらにやっかいなことに、表面では感謝してくれていても、陰では「あの人は金に物をいわせていやらしい」「自分が豊かなところを見せつけて、感じが悪い」などと陰口をたたかれるケースもあるのです。

懐を痛めたうえに陰口をたたかれたのでは、つまらない話ですよね。お金は「どれだけ使うか」より、「どう使うか」ということでしょう。

日頃から気前のよさを見せつけるより、ここいちばんというときにお金を使うようにしましょう。それが60代以降のスマートなお金の使い方だと思います。

◇立て替えた昼食代を返してもらえないときは……

ご近所さんであろうと、学生時代からつきあいのある人であろうと、金銭の貸し借りにはトラブルがつきものです。だからこそ「お金を貸すときは、返してもらおうとは思わず、あげたものと思うこと」という教訓があるのでしょう。仲のよかった友人と、借金がもとで仲違いしたり、裁判沙汰になったりした話は山のようにありますから、もし大切にしたい友情や人間関係があるのなら、できる限り金銭の貸し借りは避けるべきです。

はじめは好意で貸したとしても、貸したお金が約束どおりに返ってこなかったりすると、心配や不安の気持ちが生まれます。

そして信頼関係が失われ、お互いの人間関係に傷がつくのが常なのです。それが嫌なら、最初から金融機関などのプロに頼むべきでしょう。

ただ、何百万、何十万という大金でなくても、ふつうにつきあいがあれば、ちょっとしたお金の貸し借りが生じることがあるでしょう。借用書をつくるほどの金額ではない場合、かえってうやむやになりがちです。

たとえば、昼食で食事代を立て替えた場合に、「２０００円程度のお金なのに、すぐに返せなんてケチに思われそう」とか「２０００円くらいなら、かえっておごったほうがスマートかしら？」などと気にする人も少なくありません。しかし、たとえ金額は少なくても「貸した形」であれば、うやむやにせず、きちんと清算したほうがいいでしょう。

そうでないと、「あの人にはお金を貸したままだ」とか「自分は軽く見られているのだろうか」という気持ちがいつまでも消えず、なんとなくわだかまりが残るからです。

ただし、お金を請求するときには、それなりの気遣いが必要です。

少ない金額を貸したままになっている場合、そのほとんどは意図的に相手が返さないのではなく、借りたこと自体（あるいは返す必要があること）を忘れているようです。

そんな場合はどうしたらいいのでしょう。

「もう忘れているのかもしれないけど、この前、私が立て替えた２０００円を返してもらえないかしら？　今日は、ちょっと本を買って帰りたいのだけれど懐が寂しくて……」などと、**できるだけおだやかに、口実でもかまわないので必要な理由をつけて口にするのが賢い方法でしょう。**

ふつうは、お金を借りていたことを指摘されて思い出せば、すぐに「忘れていてごめんなさい！」と返してくれるはずです。

そしてお金を返してもらったら、こちらも「ありがとう」「気にしないで」と言葉を交わせば、人間関係も円満なままです。

◇大きな借金を申し込まれたらどうするか

前項のように、ちょっと昼食代を用立てるといったレベルの額ではなく、まとまったお金を貸してほしいと頼まれることもあるかもしれません。

あなたによほど経済的にゆとりがあって、「差し上げてもいいお金」があるなら別ですが、そうでないなら、トラブル回避のためにも、借金の申し込みには「NO」という勇気が必要です。

では、どう断ればいいのでしょうか。

徹底して「ない袖は振れない」を押し通すのがいちばん穏便です。

それでも「すぐに返すから、少しだけでも借りられないだろうか？　借用書もちゃんと書くから……」などと迫られたときは、こう切り返すのがいいと思います。

「じつは自分も、あなたに同じことを言おうと思っていた」とか「我が家も家計は火の車で、食べていくだけで精いっぱいなの」などと相手よりもさらに苦しい状況にあることをアピールして、「貸さないのではなく、貸せないのだ」という点を訴えるのです。

要するに**「こちらも生活が苦しくて、お貸しすることはできない」と頭を下げて、お引き取りいただけばいいのです。**

また、「ない袖は振れない作戦」が使えない場合には、「お金はトラブルのもとになるから、貸すのも借りるのも絶対ダメだっていうのが、親の遺言なんです」とか「友人とお金の貸し借りはしない主義なので」と、自分の信条・ポリシーとしてはっきり伝えるのもひとつの方法です。

その際もやはり、「お役に立てずに申し訳ないけど」と頭を下げれば、相手はわかってくれるはずです。

それでもしつこく食い下がってきて、貸さないことを非難したりするような相手ならば、今後のつきあい方を考えたほうがいいかもしれません。

心おだやかに生きることを目標とする老後のひとり暮らしに、借金のトラブルなどは最も不似合いです。

「君子危うきに近寄らず」で、金銭的な問題とはしっかり距離を置くように心得ておいてください。

逆にあなたにどうしても借金しなければならない状況が生じたとしても、ご近所を頼ってはいけないのは同じです。

◇貸したお金の賢い催促法も知っておく

前項と前々項で身近な人とのお金の貸し借りは、これまでの信頼関係を崩壊させるとご理解いただけたと思いますが、すでにある程度まとまった額を貸していて、約束の期日がきても返してもらえない状況にある人のために、ここでは賢い催促法について考えてみたいと思います。

まず、借金した側の心理を推察してみましょう。

たしかに、困ったときにお金を貸してくれる人は、ありがたい存在です。ところが返せない場合には、心理的にその人を避けたくなり、お金を借りたときにはありがたく思えた人が、できれば会いたくない人になってしまうのです。

なんとも奇妙な話ですが、これが人間の偽らざる心理と知っておくべきでしょう。だからこそ、**お金を貸すなら、信頼関係が崩れてしまうこと、そして返ってこないことを覚悟できる場合だけにすべき**といわれるわけです。

よく「申し訳ないけど」「悪いけど」などと前置きして、貸したお金を返してほしいと切り出す人がいます。催促しにくいのはたしかですが、これはかえってマイナスです。

どうしてでしょう？

「申し訳ないけど」「悪いけど」という態度に出られると、返す側には「返金しないと相手が困るから、返金してあげなくては」というような奇妙な心理的なすり替えが起こりがちだからです。

「すまないけど」「すみませんけど」というフレーズは、基本的にお詫びの言葉です。だから、こういうケースでは心理的な逆転を招きかねないのではないでしょうか。

お金を貸した側が下手《したて》に出てはいけないというのは、お金を貸したことで立場が上になるということではありません。人間関係は、貸し借りに関係なくニュートラルであるべきだからこそ、**「すみませんが」は使うべきではない**のです。

では、こんな場合は、どんな言葉を使えばいいのでしょうか。

返済を切り出すときは、あっさりと「例のお金、もう約束の期限よね」などと話すほうがいいでしょう。

「すみません、もう少し待っていただけますか」と言われた場合は、いつでもいいと思ったとしても、いつ頃になるのか、しっかり尋ねます。そして「来月末までには」などと具体的な期日を引き出すようにします。

約束の期限がきてもお金を返す様子が見られず、ずるずる返済が遅れると、いい関係に戻るのが難しくなってしまいます。そんなときは「この間、ご用立てしたお金だけど、急な入り用があって」と、自分のほうでも必要になったと持ち出すのがいいでしょう。

その際、実家に病人が出た、家族が倒れたなどといった嘘をつく人がいますが、嘘は必ずバレるものです。そして、バレたときには皮肉なことに、お金を貸した側なのに、嘘をついたことでバツが悪く、居心地の悪い思いをしかねません。

やはり、漠然とした言い方ですが、「急な入り用があって」くらいにしておいたほうが無難でしょう。

◇幸せを実感するには「上を見ない、人と比べない」

私たちは自分と人とを比べてしまう〝クセ〟があるようです。比べる対象は外見、性格、暮らしぶりなど多岐にわたっています。

老後の生活でも、そのクセは抜けません。

たとえば、自分よりよい暮らしをしている同世代のご近所さんを目ざとく見つけ、「庭の広い一軒家に暮らしているなんて、うらやましい」「○○さんの奥さんが、デパートで松阪牛を買っていた。うちもせめて半年に一度くらいはブランド牛が食べたいわ」などと羨望の気持ちを抱きがちです。

どんなに強く思ったところで、一軒家も松阪牛も簡単に手に入るわけではありません。にもかかわらず、このように自分よりよい暮らしをしている人と比べて、自分の生活に不安や不満、劣等感を持つシニアがいるのです。〝ひとり老後〟でも、それは変わりません。

生活に困窮しているなら、そう思うのもわからないではないのですが、ほどほどの生活ができている人も、このように感じているというのですから、感覚的にいかがなものかと思ってしまいます。

では、どうしてこのような印象を持ってしまうのでしょうか。

あなたが上を見すぎているからではないでしょうか。

第二次世界大戦を経て高度成長を遂げた日本ですが、敗戦直後の大都市には焼け野原が広がり、食べていけるだけ、雨風がしのげる家があるだけで幸せを感じることができました。世界に目を向ければ、今も強制的に住む場所を追われた難民が1億人以上います。

敗戦直後の暮らしや難民と比べるのは極端すぎるかもしれませんが、**上ばかり見るのでなく、「ほどほどの生活」ができる幸せを改めてかみしめるべ**

きでしょう。

アメリカの認知心理学者のスティーブン・ピンカーは、次のように述べています。

「2015年のアメリカ人は、半世紀前と比べて所得が家族ひとりにつき年間3万3000ドルも増えている。もし、物理的な充実度と幸福度が比例するなら、アメリカ人はその当時と比べて1・5倍幸福になっていなければならない。しかし、まったくそのようにはなっていない」

このように、物質的な充実度と幸福度が比例しないのは「ヘドニック・トレッドミル現象」によるものです。ヘドニック・トレッドミル現象とは、「明るい屋外から暗い部屋に入ると、最初は何も見えないが、間もなく目が慣れて見えるようになる。これと同じように、物質的な充実度にはすぐに慣れてしまう」といったことをいいます。要するに、幸福感や満足感などは長続きしないということです。**物理的な充実度だけに目を向けてもキリがないどこ**

ろか、逆に不満が増すわけですね。

そもそも、「隣の芝は青く見える」ということわざがあるとおり、他人の生活や持ち物は実際よりよく見えるものです。

たとえば、「一軒家に暮らしているなんて、うらやましい」と思えても、実際には、毎年多額の固定資産税を請求されて、その支払いで生活が圧迫されているかもしれません。家を売ろうにも、不動産不況で買い手がつかないという状況かもしれません。また、「デパートで松阪牛を買っていた」のも、見られているのがわかっていて、見栄を張って買ったのかもしれません。

ちょっと意地悪な考え方かもしれませんが、「うらやましい」という気持ちが湧き起こったら、こんなふうに「表と裏は違うもの」と考えてみるのもいいと思います。

「起きて半畳、寝て一畳、天下取っても二合半」という言葉を思い出し、ほどほどのひとり老後が送れていることに心から感謝していきましょう。

◇お金がなくても他人を幸せにできる

2018年、山口県で行方不明になっていた2歳の子供を発見し、一躍有名になった尾畠春夫さんのことは、今なお多くの人の記憶に残っているのではないでしょうか。尾畠さんは、尊敬を込めて「スーパー・ボランティア」と呼ばれ、80歳を超えてもなお活動を続けています。

ボランティアができるのは生活に余裕があるから……。こう思いがちですが、失礼ながら尾畠さんの生活はかなり厳しいものです。収入は月5万5000円の年金だけ。ボランティア活動中の食事はインスタントラーメンとパックのご飯でしのいでいるそうです。

もし同じ生活水準でボランティア活動をしてほしいと頼まれたら、暗澹《あんたん》たる気持ちになるのではないでしょうか。

しかし、尾畠さんの姿をテレビで見たことがある人ならご存じのとおり、尾畠さんはとても幸せそうなやさしい笑顔を浮かべています。

経済的に厳しい生活を送りながら、なぜ幸せなのか。それは、他人に幸せを与えているからではないでしょうか。

とはいうものの、現実的には尾畠さんのようにボランティアを通して、他人を幸せにできる人ばかりではないでしょう。まとまった金額を寄付できるかというと、そうはいきません。他人を幸せにする方法は他にないのでしょうか。じつは、仏教の教えのひとつ『無財の七施』にその答えがあります。その「七施」は以下になります。

(1) やさしいまなざしを向ける

見知らぬ誰かに道を聞いたとしましょう。そのとき、相手から厳しいまなざしを向けられたら「聞かなければよかった」と後悔しますね。逆に、やさしいまなざしを向けてくれればホッとします。これと同じ気持ちを人にも感じさせてほしいと思います。

（2）和やかな表情や、にこやかな表情を浮かべる

お金や健康のことを考えると、不安からしかめっ面になりがちです。でも、そんな顔をしていると、周りの人にまで不安をばらまくことになります。「年をとればお金や健康に不安を感じるのは当然」と割り切って、表情だけは和やかに保ちましょう。そうすれば、周囲も幸せな気持ちに包まれます。笑顔が心身によい影響を与えるのは医学的にも証明されていますから、しだいに不安も減っていくはずです。

（3）やさしい言葉で人に接する

人間は、言葉を使うことができる唯一の生き物ですから、その恩恵を活用

して、人に接するときにはやさしい言葉を選びましょう。たったひとことのやさしい言葉でも、人を幸せにできるものです。

（4）自分の身体を使ってできることをする

たとえば、荷物を運べずに困っている人を見かけたら、かわりに持ってあげましょう。また、他人の嫌がる仕事でも喜んで引き受けてあげましょう。ほとんどの人は「やりたい気持ちはあるのだが、できない」と言いますが、気持ちだけで他人を幸せにすることはできません。こんなときこそ勇気を振り絞って、実行に移すことが大切です。

（5）他人の心に共感し、寄り添って接する

難しいことのようですが、誰かが喜んでいたら我がことのように喜び、逆に、心に大きな傷を負って悲しんでいる人を見たら、その悲しみを分かち合いま

しょう。悲しんでいる人に対しては励まそうとする人が多いのですが、悲しみにくれているときにいくら励まされても悲しみは消えませんし、うれしくもありません。こんなときに必要としているのは、悲しみに共感して理解してくれる人なのです。

（6）自分の場所を他人に気持ちよく提供する

50歳を超えると急激に足腰が弱くなりますから、バスや電車の中で座りたい気持ちはよくわかります。しかし、勢いよく車内に走り込んで席を取るくらいの勇気があるなら、座席を必要としている他の人にもっと譲ってあげてはどうでしょうか。

これとは逆に、席を譲られた際には「ありがとうございます」と素直に申し出を受けるように心がけましょう。最近は「失礼だなあ。私はまだ若いんだ！」と怒るシニアが増えているそうですが、そんなことを口にすれば周囲を不幸にするだけです。

（7）自分の家を提供する

人が集まる際、どこを会場にするかで意外とモメることがあります。人が集まればゴミが出るし、トイレも汚れますから、みんなが敬遠する気持ちもわかります。しかし、こんなときこそ「うちでよかったらお使いください」と提案しましょう。みんな喜んでくれるでしょうし、あなたの人望も高まるはずです。

19世紀のスイスの哲学者アンリ・フレデリック・アミエルには「他者を幸福にすることが、いちばんたしかな幸福である」という言葉があります。胸に刻みたい名言ですね。

◇ご近所の訃報にどう対応するか

年をとると、訃報に接する機会が増えるのはしかたがないことでしょう。不幸があったのを知ったときには、不義理をしないようにと、故人が多少縁遠い人でも香典を包むケースが多いのではないでしょうか。

もちろん、金銭的に余裕がある場合はそれでよいかもしれません。けれど**年金生活になり、「少しでも出費を抑えたい」と日々悩んでいるのなら、だんだんと対応のしかたを変えていくべきです。**

たとえ義理が果たせても、それが自分の生活を圧迫するのなら考えなければならないでしょう。

その方法はいろいろあります。いちばん簡単なのは、香典の金額を減らすことでしょう。

「金額を減らすなんて、そんな失礼なことはできない！」と世間体を気にする人が多いようですが、本当に大切なのは香典の金額ではありません。個人に対する最大の弔意は、お通夜や告別式に出向くことです。ですから金額にはあまりとらわれる必要はないのです。

また、葬儀のおこなわれる場所が遠い場合などは、交通費や宿泊費もばかになりません。

逆に近くても体力的に厳しい場合もあります。香典を誰かに託したり、郵送したりするのも一案です。ただし、その際は必ず一筆添えるのが礼儀でしょう。

手紙を書く習慣が少なくなった現代では、この「一筆」が高いハードルに感じられる人も少なくないかもしれません。でも、礼状などに比べて、お悔やみの手紙は定型を踏まえれば比較的簡単です。いくつかポイントがあるので、書き方を覚えておきましょう。

- 「拝啓」～「敬具」といった頭語や結語は書かない。季節の挨拶も不要。
- 「このたびはご愁傷さまでございます」「御母堂様の訃報に接し、心からお悔やみ申し上げます」など、お悔やみの言葉から始める。
- 弔問に行けないことを詫びる一文を書く。その際、行けない理由を長々と書く必要はない。「やむを得ない事情で……」「どうしても都合がつかず……」のような曖昧な表現でよい。
- 「どうぞお力落としのないように」といった、遺族をいたわる一文を添える。
- 便せんも封筒も柄のない白一色のものを選び、封筒は内側に別の紙がついている二重封筒は用いない（不幸が重なるという意味合いから）。

このポイントさえ押さえておけば、あまり難しく考える必要はないのです。

そして最後に、葬儀に参列もできず、香典も本当に少なめにしか出すことができないけれど、ご縁は切りたくない、できるだけのことをしたいという場合はどうしたらいいのでしょうか。

そんなときは、お香そのものを送るという方法もあります。もともと「香典」は、お香の代わりに霊前に供えるものですから、**お香そのものを送るのは理にかなっています。**

進物用のお香は１５００円前後から１万円程度までいろいろとそろっていますし、金包みの３０００円とお線香の３０００円を比べると、お香のほうが心がこもっているように感じられる場合もあります。

いずれにしても、こうしたおつきあいには「これが正しい」というものはありません。

あくまで自分のできる範囲でよいのです。何よりも大切なのは、相手に弔意が届くことです。

第6章

お金と無縁でも充実時間を見つける

◇天国に財布はいらない

第一線を退いた生活に入ると、急に人づきあいが悪くなったり、家から出なくなる人がいます。

「誰かと会えば、お茶だ、お酒だとなって、何かとお金がかかるからね」

「外に出て一銭も使わないなんて無理な話でしょう。万が一のときに困らないように出費は最低限に抑えないと」

「家にいてテレビを見ていれば、お金は出ていかないからね」

たしかに、この先どうなるかわからないのに、現役のときと同じ感覚で飲み食いをしたり遊び歩いたりするわけにはいきません。また、年齢を重ねると、誰でも攻めから守りの姿勢になる傾向があるので、こういった気持ちはわからないでもありません。

しかし、ただ家でじっとして、万が一のときに備えているのがいいのでしょうか。せっかく働きづめの生活から解放され、自由でのびのびとしたひとり老後を送れるのに、いつくるかわからない万が一のときに備えて禁欲生活をするのでは、あまりに寂しくないでしょうか。もしかすると、蓄えを使う前に動けなくなってしまうかもしれません。それではがんばってきた日々の意味がなくなってしまいます。

老後の人生でいちばん大切なのは「楽しみ」です。これがなければ毎日がいたずらに長く、生きることさえ苦痛になってしまいます。人間の脳は、年をとると「想像力」や「意欲」がまず減退していくともいわれています。

ですから、老後人生の半ばまできて、先の見通しがつき、「そろそろお金を使っても大丈夫になったな」と思っても、そのときにはすでに楽しむ心も意欲もなくなっているかもしれません。

たしかに、できるだけ出費を抑える努力をするのは重要です。しかし、**自分の楽しみのために支払うお金は「必要経費」と考えたらいかがでしょうか。**楽しみと生きがいは比例するのですから、生きる力のために支払う代金だと思えば、納得できるのではないでしょうか。

虎の子を守るために生きるのか、楽しみのために生きるのか、考え方は人それぞれです。ただし、「天国に財布はいらない」「お金は天国には持っていけない」ということは忘れずにいたいところです。

◇「節約」ではなく「やりくり」と考える

何十年かぶりに同窓会へ出席すると、「えっ、あの人がこんなにふくよかに!?」と驚くことがあります。かくいう私も20代、30代の頃と比べると体重を増やしていますから、他人のことをとやかくいう資格はありませんが……。

ほとんどの人が加齢とともに体重を増やしてしまうのは、基礎代謝の量が減少していくからです。食事量は若い頃と同じでも、加齢とともにエネルギーとして消費されないぶんがしだいに多くなり、それが贅肉として体に蓄積されてしまうのです。

そこでダイエットでなんとか体重を減らそうとするわけですが、残念ながら長続きしないケースが多いようです。その理由はとてもシンプルで、つらくて楽しくないからです。もちろん、なかにはダイエットを長続きさせて、若い頃のような体型を維持している人もいます。「人一倍強い意志を持っているからだろう」と思いがちですが、しかし、**意志がさほど強くなくても、ダイエットを成功させることはできます。**そのコツは、うれしいとか楽しいご褒美をイメージすることです。

ダイエットが成功すれば、若い頃のようにおしゃれが楽しめるでしょうし、周囲からの羨望のまなざしを受けられます。もっと切実な問題としては、血圧や血糖値が下がり、適正体重に近くなれば、寿命も長くなるでしょう。**「うれしい・楽しいご褒美」が待っていると常に考えていれば、つらく苦しいダイエットも続けられるでしょう。**子供じみていると思われるかもしれませんが、人間というのは目の前に置かれた「ご褒美」には弱いものです。

これは、老後の生活に欠かせない「節約」にもいえることです。激減した給料や少ない年金、わずかな蓄えですごさなければならない老後では、節約は必須です。かといって、何から何まですべてを節約していたら、つらくなるばかりです。人によっては「なんのために生きているのかわからない」と悲観して、うつ状態になるかもしれません。

そんなことを避けるためにも、食費は見切り品などを買って節約する、交通費は徒歩や自転車などを使って浮かす。**そのかわり、1年に1回は旅行をするなどの「ご褒美」を自分につくってあげるのです。**

ご褒美が待っているとわかっていれば、たとえばスーパーで「これが食べたい」と思っても、「これを買うお金でちょっと遠くまで旅行ができる」と、楽しく節約できるようになります。

単に節約するだけではなく、楽しいご褒美が待っているわけですから、苦しいイメージがある「節約」という表現ではなく、昔ながらの「やりくり」という言葉を使ったほうが、気持ちも明るくなるというものです。

◇シニア期こそ学ぶのに最高の時期

人生経験を積んできたシニア期こそ、本当の意味で「学ぶ」のに、最もいい時期ではないでしょうか。

60代を迎えて学び始めた自分の体験から、私は実感を持ってそう断言したいと思います。

若い頃の学びは、その後の人生を支える「知識やスキル」を身につけるためであることがほとんどです。

いってみれば、自分の一生をどうやって食べていくかを意識した学びでしょう。

あるいは「○○大卒」などの肩書きがあったほうがいいという理由だった

り、周りの人の進学に刺激されて専門学校や大学に進んだというケースもあるはずです。

正直にいえば、私もそのひとりです。

なぜ、医師になったのか？　病になって困っている人を助けたい、人のためになる仕事をしたいという気持ちに嘘はなかったと言い切れます。そして、学生時代に学んだことをさらに磨き、知識を増やしながら医師として務めてきた今日まで、私はその選択に自負と満足感を覚えて歩んできました。

でも、今になって考えてみると、若いときに「医師になりたい」と願った気持ちと、現在の「医師としてさらに研鑽したい」という気持ちには、少しばかり落差があるのも事実です。

今、私の心を大きく占めているのは、知識やスキル、経験だけでは答えが

見つからない問題、もっと深く生命の根源を見つめたいという思いです。

人とはどんな存在なのだろう、人の心とはどんなものなのだろう、というような人の真理を見つめる哲学的な関心がどんどんふくらんできています。

その思いから、60代を目前にして再び大学院で学び始めたというわけです。

はっきりいえば、今さらそうしたことを学んだところで、大して得になることはないかもしれません。でも、**人の深淵について学ぶこと、それ自体を今、私は深い喜びとして感じています。**

シニア期からの「学び」はとにかく、本当に楽しいものです。

◇口グセは「人間、いつでも育ちざかり」

シニアと呼ばれる年代になって、ようやく自由に使えるたっぷりとした時間——人生最大の贅沢を手に入れたのに、「もう年だから」とか「今さら、この年をして」などと尻込みしている……。

もし、あなたがそんなタイプだとしたら、これほどもったいない老後の日々はありません。今までに何度も聞いてきた言葉かもしれませんが、「今日が人生でいちばん若い日」なのですから。

私が資料の整理などをお願いしている人がいました。その方から清川妙《たえ》さんという方の話を聞きました。残念ながら93歳で亡くなられましたが、聞けば聞くほど素晴らしい生き方をされていて、私は彼女からお話を聞くたびに感動していました。

清川さんは53歳で英会話を習い始め、55歳からさらに本格的な英語学校に入って、58歳で英検2級に合格。65歳からイギリスに単独での旅を始め、84歳までに10回を優に超えるイギリスひとり旅をしています。

英語だけでなく、88歳のときには「江戸文化歴史検定」を受験。受験者総数4067人中、最年長の合格者だったそうです。

「人間、いつでも育ちざかり」

これが清川さんの口グセだったとか。著書の『清川妙 91歳 育ちざかり』(主婦の友社)には、こんなことが書かれています。

「年齢にしばられてはダメですね。私は、自分が何歳だからこうしなきゃとか、何歳だからダメとか考えたことがないんです」

お見事！　としかいいようがないですね。

戦争中、そして子育てがひと段落したときに、教師を何年かしていた清川さんは、聴覚障害のある息子さんを育てた経験を書いた原稿が編集者に注目されて、39歳で文筆活動に専念しました。

その頃から、今でいう〝ママ友〟たちと自宅で『万葉集』の勉強会を始めました。

そして、もともと古典好きだったため、『枕草子』『徒然草』『万葉集』といった古典の素養をもとにしたエッセイなどの著者となります。

九十余年の生涯の最後まで、学びつつ書きつつ、文字どおりの生涯現役を貫き通し、おしゃれもおいしいものも旅行も……と、常に貪欲に求め続けて人生を完全燃焼なさったのです。

自分の心の中の「年齢意識」を取り外してしまえば、こんな素敵に生きられるのです。清川さんをお手本に、私たちもこんな贅沢な生き方をしていきたいものだと思いませんか。

◇外国語を覚えると世界観が一変する

ひとり身になった60代後半のM子さんは、その〝記念〟というわけではありませんが、学生時代からの仲間である3人の女性とともに3泊4日の上海ツアーに参加しました。

現地に到着して早々、ビックリさせられた出来事がありました。

それが何かというと、ツアーメンバーのひとりが現地の人と中国語でペラペラと楽しそうに話をし出したのです。

ちょっと見たところでは、外国語には縁がなさそうな、M子さんと同世代とおぼしき女性です。

2日目の昼食のとき、たまたまその人とテーブルが一緒になったので、尋ねてみました。

「中国語、お上手なんですね。こちらに住んでいたことがあるのですか？」

すると、その女性は返事をしました。

「とんでもない！　ほんの片言ですよ」

と同時に、こうも付け加えました。

「でも、だいたいの話はできるかな……」

興味を持ったM子さんが、どこで、どのようにして学んだのかを尋ねたところ、

「全部テレビなんです。テレビの中国語講座を見ているだけです」

と言うではありませんか。

しかも、テレビ講座を見始めたのはほんの1年前とのこと。

「中国語の学校は高いですから」とも「そのお金があるのなら、二度、三度と中国を旅行したほうがいいし、実地で試せると思うので……」とも教えて

くれました。

「そうか、テレビで勉強すれば、タダなんだ……」

M子さんもまず、「月謝いらず」に心が動いたといいます。

上海ツアーから戻ると、さっそくNHKテレビの中国語講座のテキスト(月刊)を購入。それは1カ月につき100円でお釣りがくるうれしい価格でした(NHK出版『中国語!ナビ』のテキストは、紙の場合で月額630円)。

旅先で出会った人の話では、番組は必ず録画しておき、落ち着ける場所・時間でじっくり集中して学ぶことが、早く、確実にマスターするコツだそうです。

知識ゼロから始めても、テレビやラジオの進行に遅れないようにコツコツ勉強していけば、1年間でだいたい、簡単な日常会話には不自由しないレベルまで上達できるように構成されているとも聞き、M子さんはこれにも勇気をもらいました。

1年後にまた上海へ行き、今度は現地の人とおしゃべりを楽しむのだと、早くも「中国語を話せるようになった自分」を想像しているというM子さん。近い未来へのこの想像力も、M子さんのいっそうの励みになっているようです。

新たな言語を覚えると、その人の世界観が変わる、とよく言われます。同じ旅行でも、片言の会話が理解できるだけで、次元がまるで変わったと言いたくなるほど旅を楽しめるようになるそうです。

たった1年間の「学び」で新たな世界が開けるなんて、考えただけでもワクワクしませんか。

◇英会話の勉強は学生サークルのノリで

ひとり暮らしの高齢者だからといって、常に「ひとり」ですごしているわけではありません。

ひとり暮らしのK子さんは、毎週水曜日は朝から自分の部屋を片付け、掃除をして、3人の仲間の到着を待ちうけています。みな「ひとり老後」を生きる女性ばかりです。

彼女たちが集まって何をしているかというと、一緒に英会話の勉強をしているのです。早いもので、そんな習慣がもう半年も続いています。

来年はハワイにでも行って、身につけた英語力を実際に試してみよう、などという話も現実味を帯びつつあります。

テレビやラジオ放送で無料で語学を学べるのは、とくに「ひとり老後」の女性たちにはありがたいことではありますが、問題点がないわけではありません。自宅でひとりで学ぶと、つい「今日はもういいか」と怠けがちになることです。忙しくないつもりでも、生活していれば、毎日それなりの用事があり、気がついたときにはもう放送時間が終わっていて、録画も忘れていた……といったことも何度となくあるようです。

テレビ、ラジオに限らず、学ぶこと、とくに語学の習得は根気よく繰り返し、辛抱強く続けることが唯一にして、最大のコツなのです。

ひとりで勉強していると、「テレビの前のみなさんも、△△先生に合わせて発音してみましょう！」と呼びかけられても、口をつぐんだままということも起こりがちです。語学は繰り返し発声することでモノになるのです。

K子さんが英会話の勉強のために、同じ「ひとり老後」の女性仲間を集めようと思い立った理由もそこにあります。ひとりでダンマリでは、語学は進歩しないし、なにより楽しくありません。

そこでK子さんは、以前から参加している地域のラジオ体操でよく顔を合わせる、同じ「ひとり老後」の女性3人に声をかけてみたのです。みんな、二つ返事で集まってくれたのには我ながらビックリとのことです。

テレビの英会話番組の放送時間に合わせると、都合のつかない人も出てくることから、あらかじめみんなが集まりやすい時間を決めて、K子さんの家で録画しておいた番組を見て勉強をしているのです。**なにより大きいのは、人前で恥ずかしがらずに英語を話すのに慣れることだとか。**

かかる経費は1回につき300円程度。お茶代とお菓子代のみです。時にはお茶がビールに代わり、みんなで他愛ない話に興じることもあるそうです。まるで学生時代のサークル活動のようなノリですね。

学ぶことと仲間うちのつきあいの両方を兼ねた、こんな勉強法も覚えておきたいところです。

◇お金をかけずに粋でおしゃれな人になる方法

先日のこと、行きつけの和食店で、とても粋でおしゃれな老夫婦を見かけました。

この店は、手頃な値段で、ちょっと気の利いたものを食べさせてくれる店です。決して高級店ではありません。

そんな店で、夫のほうはハンチングをかぶり、ジーンズに革のベスト、首には明るい色彩のストールを軽くねじって巻いていました。

奥さんはジーンズのロングスカートに、和服を仕立て直したような軽いジャケットをはおっています。

二人は、板さんと談笑しながら、旬の素材の料理を3、4品頼み、ひとつの皿を二人でつつき、お銚子を2、3本。軽く酔いが回ってきたのでしょうか、やや上気した表情で「大将、また今度」と、あっさりと引き揚げていきました。食べ方も飲み方もおしゃれも、ほどを心得ていて、それでいて、夫婦はそれを存分に楽しんでいるという風情がうかがわれました。

「ひとり」の方でも、この夫婦の粋でおしゃれな雰囲気は見習いたいところです。もちろん、男性ならご主人のように、女性なら奥さんのように。

年齢を重ねるにつれて、外に出ることがつい億劫になり、出たとしても普段着で、といったことが多くなりがちです。老化というのは、そうした気持ちにつけ込んで、徐々に進んでしまうものです。

外国では、オペラ鑑賞や観劇などに出かけるときには、男女ともに目いっぱいおしゃれをして行く習慣があります。

こうした服装をすると、自然に背筋もピンと伸び、気持ちもシャキッと引き締まります。カジュアルな普段着では気にならない体型の崩れもしっかりチェックできますから、ダラけた心身に活を入れる効果もあるはずです。

心理学では「人は、見た目から得る情報で半分以上、声などから約40%、その他10%弱で、相手の印象を作り上げる」というそうです。若々しい印象は、生き生きと毎日を楽しんでいる明るい人柄を印象づけるでしょう。

そうした印象をかもし出すためにも、年をとっても、いや年をとってからこそ、きちんとおしゃれをして出かける機会を積極的に持つようにしたいものです。

幸福な人間関係づくりにおいても、自分自身が老け込まないためにも、見かけをすっきり整えることは、想像以上に大事なのです。たとえば、姿勢に気をつけるだけでも、見た目の印象はずいぶんと違ってくるでしょう。

◇お金があってもなくても人生は素晴らしい

山高帽にちょび髭のユーモラスなスタイルで、人間味あふれる笑いを提供してくれた喜劇王チャールズ・チャップリンは、日本でも多くのファンを持っています。

そのチャップリンは名作『ライムライト』のなかで「人生は恐れなければとても素晴らしいものなんだよ。人生に必要なもの、それは勇気と想像力、そして少しのお金だ」という名言を残しています。これは波乱万丈な人生で、チャップリンが得た、お金に対する考え方なのでしょう。

1889年、英国のロンドンに生まれたチャップリンは、幼い頃に、歌手だった両親が離婚。5歳で初舞台を踏んでからは幼い身で生活を支えていたものの、母が精神に異常をきたしてからは、孤児院や救貧院を転々とする暮らしが続き、極貧の毎日をすごします。

その後、名門劇団に入団して映画デビューを果たし、スターの座を獲得すると、みずから映画をプロデュースし、作・演出・主演・音楽まですべてを手掛ける多彩な才能で、映画のエンターテイナーとして大成功を収めます。

しかし、**多くの名声を得た後も浪費を戒め、決して贅沢はしなかったといわれています。**

彼はまた、「私が孤児院にいたとき、腹をすかせて街をうろついて食い物をあさっていても、自分では世界一の大役者ぐらいのつもりでいた」といっていますが、お金はなくても心豊かに生きる術は、子供の頃から身につけていたのかもしれません。

晩年はスイスでおだやかな日を送り、家族に看取られて88年間の波乱に富んだ人生を終えました。

お金に関しては、人生のなかで天国と地獄を見たチャップリンでしたが、彼の正義感と反骨精神は一生健在で、お金のために意見を曲げたり、権力に屈することはありませんでした。


チャップリンが後世に残る名作『独裁者』を作ったのは50歳のときでした。そこには彼の生涯を貫く「愛と平和へのメッセージ」が込められています。見るたびに胸が温かくなる彼の作品から、「お金で買えない幸せ」「お金よりも心を豊かにしてくれる笑い」という大きなテーマを読み取って、時には老後の価値観を見直してみるのもいいかもしれません。

この章の最後は、そんなチャップリンの名言で締めたいと思います。

「下を向いていたら、虹を見つけることはできないよ」

第7章

これだけは知っておきたいお金の手続き

この章では、より専門的なお金の知識や制度について、税理士・笠原清明氏監修のもと紹介します。

◇財産が少ない人ほど遺言書を残すべき理由

日本財団が40歳以上の男女を対象に実施した「遺贈に関する意識調査」によると、遺言書をすでに準備していると答えた人の割合はわずか3・2％に留まっていたそうです。

私はこの3・2％に含まれていて、すでに遺言書を準備しています。この話を友人にすると、必ず返ってくる言葉が「お前は財産があるからだ。オレには財産と呼べるものなどないから、遺言書なんていらないよ」というものです。

しかし、私が遺言書を準備しているのは財産があるからではありません。それほど財産がないからこそ、逆にしっかりした遺言書が必要なのです。

なぜだかわかりますか。

財産があまりない場合ほど、残された家族が相続争いをする傾向があるからです。実際に家庭裁判所に持ち込まれた遺産相続の争いを見ると、その7割以上が遺産額5000万円以下で起きているそうです。

知人の弁護士さんによると、100万円以下の預貯金をめぐって相続争いが起き、家庭裁判所へ相談を持ち込んだケースもあるそうです。

また、「お父さんの貯金が50万円あった。これはオレのものだから」「いや、私にも権利がある」「自分には半分よこせ!」と、相続財産としてはわずかなお金の奪い合いが、よりにもよって、臨終に勃発した話を看護師から聞いたことがあります。

自分がいよいよ家族ともお別れというときに、こんな悲しい争いが起きたら、なんともやるせないと思いませんか。

面倒な争いが起きるのは、現役世代の収入が頭打ちで、退職金や年金収入もあてにできないのも一因と思われます。それどころか、あれこれお金が必要な中年期にリストラされるケースも増えたことから、どうしても親の財産をあてにしがちなのです。自分の相続分を少しでも多くしたいという欲が出てしまうのでしょう。

ところで、ひと口に遺言書といっても「自筆証書遺言」「公正証書遺言」「秘密証書遺言」の3種類あります。

後者の二つは立会人と公証人への依頼が必要で、費用と手間がかかります。しかし、「自筆証書遺言」は自分で書くだけですので、費用をかけずに作成できます。

とはいうものの、自筆証書遺言には、自分で保管しなければならない、様式を間違うと無効になってしまう、死後に家庭裁判所の検認を受けなければならない、などの手間がありました。

ところが、近年になって遺言関係の法律が改正・追加され、これらの面倒を回避できるようになったのです。

まず「自筆証書遺言の方式緩和」が施行され、財産目録に限りパソコンでの出力や通帳のコピー、不動産の登記事項証明書などの添付で許されるようになりました。

また、「遺言書保管法」の成立によって、自筆証書遺言は法務局で保管してもらえるようになりました。しかも、法務局に保管を依頼する際に遺言書保管官が遺言書の様式が法務省令に則っているかどうかを確認してくれるので、不備で遺言が無効になることは避けられるし、家庭裁判所の検証も受ける必要がなくなります。

最近は「遺言書キット」も販売されています。それを利用すれば、遺言書を残すのも、以前よりずっとラクになるでしょう。

◇後見制度について知っておく

振り込め詐欺に代表される特殊詐欺が、相変わらずよく発生しています。このような卑劣な犯罪の被害者になるのは主にシニア層です。しかし、被害に遭っても、「騙された自分が悪い」「子供にだけは迷惑をかけたくない」と考える人が多いようで、被害届を出さなかったり、家族にも黙っている場合があります。これでは悪辣《あくらつ》な犯罪集団の思うつぼです。

さらに注意したいのは、詐欺だけではありません。こんなケースもあるのです。

「突然、親が電話でこぼしてきたのです。話を聞くと、親戚に頼まれて連帯保証人になったために、老後の資金が減ってしまったというのです」

連帯保証人の制度については、民法の改正によって「連帯保証人が負担する上限額を設置」「公証人による連帯保証人の意思確認が必要」などの厳しい制約が設けられ、こんな悲劇は激減すると思われますが、それでも可能性はゼロとはいえません。

被害に遭って、大切な老後資金を失ってからでは遅すぎます。**一刻も早く、「日常生活自立支援事業」や「成年後見制度」を利用してほしいと思います。**

この二つについて見ていきましょう。

日常生活自立支援とは、福祉サービスの利用や金銭管理がうまくできなくなった人を対象に、国が実施しているサービスです。

このサービスでは、介護保険の申請、福祉サービスの利用手続きなどのサポートや、その利用料の支払い、医療費の支払いなど、日常的な金銭の出し入れの手伝いのほか、通帳や権利証など重要書類の保管にも協力してくれます。

ただし、こうしたサービスを利用するにはお金がかかります。料金は都道府県によって異なりますが、1時間当たり1000円前後で、さらに利用者の自宅までの交通費もかかります。

ただし、生活保護を受けている世帯では無料です。まずは市区町村の社会福祉協議会に問い合わせてみてください。

もうひとつの成年後見制度とは、認知症や知的障害、精神障害などの理由で判断能力不十分な本人に代わって不動産や預貯金などの財産を管理したり、本人のための法律行為を代理としておこなったり、補佐する人を選ぶ制度です。

「そこまで老いぼれていない!」と思うかもしれませんが、成年後見制度には本人が十分な判断力を持っているうちに、将来の後見人の候補者をあらかじめ決めておく「任意後見制度」というものもあります。つまり、後見人の

〝予約〟です。

しかし、「後見人に、自分のお金を好き勝手に使われてしまうのではないか」という不安を口にするシニアが多いのも事実です。

任意後見人を指名しても、その人がすべてを自由にできるわけではありません。任意後見人は、定期的に裁判所の選任する任意後見監督人によって監督を受ける決まりがあり、裁判所に後見人の行為を報告する義務もあります。

不正な契約や財産の処分などはしにくいのですが、トラブルがあるのもたしかなので、慎重に検討してください。

◇生命保険の非課税枠で相続税を減らす方法

生命保険に加入している人は、いざというときの準備に抜かりがないと考えていると思いますが、それならもう一歩進めて、**自分が先に逝ったときのことを考え、「生命保険を利用した相続税対策」をしておくことをおすすめします。**

以前から、日本の相続税負担は重いことで知られ、「相続を3代続けると財産がすべてなくなる」などといわれていたほどです。

日本の相続税法は、第二次世界大戦後にGHQが「財閥など一部の富裕層に富が集中するのを防ぐ」ことを目的に設けられたためです。3代で財産がなくなるわけですから、GHQの目論見は見事に成功したといえるでしょう。

そこで、生命保険を利用した自衛策を考えてみましょう。

たとえば、遺産が5000万円で、それを子供2人で相続するとします。相続税の基礎控除額は「3000万円＋600万円×法定相続人の数」ですから、この場合は4200万円となり、「5000万円－4200万円＝800万円」が課税対象となってしまいます。

ところが、この遺産のうち1500万円が生命保険の受取金だった場合、前出の基礎控除額とは別に「500万円×法定相続人の数」という非課税枠を利用できます。

右記のケースの場合、法定相続人は2人ですから、非課税枠は1000万円となり、課税対象となっている800万円からさらにこの金額を引くことができます。

「800万円－1000万円＝△200万円」つまり、遺産がすべて基礎控除額以下に収まり、課税対象額をゼロにできるわけです。

ある程度貯蓄に余裕がある人は、それを生命保険に変更しておけば、相続税を減らすことができるわけです。ただし、現在加入中の生命保険の受取金を増やすのは難しく、たとえ特約で可能でも、新たな健康診断などが必要で加入できないケースもあります。

こんな場合は、「一時払い終身保険」に追加で加入するといいでしょう。その名のとおり、保険料を一括で支払う仕組みの生命保険で、毎月支払うタイプのものより支払総額を抑えられるというメリットもありますから、終活を始める際には加入を検討してみるといいでしょう。

◇生前贈与を活用して相続税をさらに減らす

もうひとつ、終活の一環としてできる相続税対策があります。それは、生前贈与です。文字どおり、生前に子供や孫に財産を渡しておくことです。最も代表的な生前贈与は「暦年課税」でしょう。これは、相続人１人当たり年間１１０万円までの贈与なら贈与税がかからないという制度です。

私の友人で旧家の跡継ぎの男性がいます。彼は学生時代から、この暦年課税を利用した節税対策をおこなってきました。その年数はおよそ40年にも達するでしょうか。それでも実際に相続がおこなわれた際には多額の税金を支払ったそうで、「長年の苦労も焼け石に水だったよ」とこぼしていました。

これは彼の実家が資産家だったからで、一般の家庭なら、たとえ10年間

——つまり1100万円を非課税で家族に残すことができたなら、その効果は非常に大きいと思います。

仮に、前項と同じように5000万円の財産があったとしましょう。すでに1100万円は暦年課税を利用して贈与済みだとすると、残りの財産は3900万円。基礎控除額は4200万ですから、生命保険に加入していなくても、非課税枠に収まるというわけです。

ただし、死亡前7年以内の贈与額は、相続財産に加算されます。**とてもありがたい制度なのですが、そのぶん、税務署も厳しく目を光らせているので、利用には注意が必要です。**

たとえば、「わかりやすいように、子供や孫の誕生日に毎年110万円贈与する」といったように、毎年定期的に同じ金額を贈与するとします。この場合には「定期金に関する権利の贈与（決められた年数にわたり毎年110万円ずつの給付を受ける権利）」と見なされて贈与税がかかることがあるのです。
これを防ぐには、贈与するたびに贈与契約書を作成する、贈与の日や金額を毎年変える、実際に相続人の口座にお金が振り込まれたり、土地や家屋などの名義が変わっていることを示す証拠を残しておく、などの対策を取ることが必要です。

面倒だと思うかもしれませんが、家族にできるだけ多くの財産を残すためにも注意したいことです。

じつは、生前贈与にはもうひとつ「相続時精算課税」という方法がありま す。これは、平成15年（2003年）に施行された制度です。60歳以上の親または祖父母から18歳以上の子供、または孫へ贈与する際に利用できる制度で、贈与者ごとに累計2500万円相当の金品まで贈与税がかかりません。
また、令和6年（2024年）より年間110万円の基礎控除が新設され、この部分については累計する必要がなくなりました。

2500万円ということは、「暦年課税」のおよそ25年分に当たりますから、こちらを選んだほうがずっと得のような気がします。しかし、そう考えるのは尚早で、この「相続時精算課税」にはいくつかの大きなデメリットがあるのです。

たとえば、このときに贈与された財産は先ほど説明した基礎控除までの金額を除き、相続財産に加算されます。相続時精算課税という名称は、この事実に由来しているというわけです。

また、いったん相続時精算課税を選択してしまった場合、暦年課税に戻せません。つまり、選択は慎重に考える必要があるのです。

ちなみに、将来値上がりが確実視されている財産（土地や株券）がある場合、この相続時精算課税を利用すべきといわれますが、先行き不透明な時代ですから注意が必要でしょう。

◇おわりに
もう一度、人生を満喫してみませんか

60代や70代ともなると、本人は「ずいぶん年をとってしまった」と思っているかもしれませんが、80代や90代の人から見れば、〝ほんのひよっこ〟です。

もちろん、お金は大事ですが、体力や気力も同じように、いや、お金以上に大事です。年をとってしまったと嘆く前に、無意味にお金を貯め込む前に、もう一度、人生を満喫してみませんか。ひとりこそ自由であることを実感してみませんか。それだけの時間があるのが60代や70代です。そして、ひとりは孤独ではないのです。

本書には、私からあなたへのそんな思いを込めました。

ご愛読ありがとうございました。

●主要参考文献

・『お金をかけない「老後の楽しみ方」』保坂隆（ＰＨＰ研究所）
・『人生をもっと楽しむ「老後の学び術」』保坂隆（ＰＨＰ研究所）
・『心が軽くなる「老後の整理術」』保坂隆（ＰＨＰ研究所）
・『心が安らぐ「老後のシンプル生活術」』保坂隆（ＰＨＰ研究所）
・『一生お金に困らない老後の生活術』保坂隆（ＰＨＰ研究所）
・『百歳人生を退屈しないヒント』保坂隆（大和書房）
・『50歳からの人生を楽しむ老後術』保坂隆（大和書房）
・『50歳からのお金がなくても平気な老後術』保坂隆（大和書房）
・『還暦からの上機嫌な人生』保坂隆（大和書房）
・『ちょこっとずぼら老後のすすめ』保坂隆（海竜社）
・『ちょこっとずぼら老後は楽しい！』保坂隆（海竜社）
・『老後資金の「ちょこっとスマート」やりくり術』保坂隆（海竜社）
・『老後のお金との賢いつき合い方』保坂隆（三笠書房）
・『「老後の不安」の9割は無駄』保坂隆（ＫＡＤＯＫＡＷＡ）
・『「がんばらない老後」のすすめ』保坂隆（廣済堂出版）
・『贅沢な節約生活』保坂隆（朝日新聞出版）

著者

保坂隆（ほさか・たかし）

1952年山梨県生まれ。

保坂サイコオンコロジー・クリニック院長。慶應義塾大学医学部卒業後、同大学精神神経科入局。1990年より2年間、米国カリフォルニア大学へ留学。東海大学医学部教授（精神医学）、聖路加国際病院リエゾンセンター長・精神腫瘍科部長、聖路加国際大学臨床教授を経て、現職。また実際に仏門に入るなど仏教に造詣が深い。

著書に『精神科医が教える 心が軽くなる「老後の整理術」』『精神科医が教える お金をかけない「老後の楽しみ方」』（以上、ＰＨＰ研究所）、『人間、60歳からが一番おもしろい!』『ちょこっとズボラな老後のすすめ』『繊細な人の仕事・人間関係がうまくいく方法』（以上、三笠書房）、『60歳からの人生を楽しむ孤独力』『50歳からのお金がなくても平気な老後術』『すりへらない心のつくり方』（以上、大和書房）、『頭がいい人、悪い人の老後習慣』（朝日新聞出版）、『精神科医がたどりついた「孤独力」からのすすめ』（さくら舎）など多数、共著に『あと20年！ おだやかに元気に80歳に向かう方法』（明日香出版社）がある。

第7章監修者

笠原清明（かさはら・きよあき）

1957年、埼玉県浦和市（現さいたま市）に生まれる。

1979年、税理士試験に合格。1980年、中央大学商学部会計学科卒業後、公認会計士長隆事務所に入所。1984年、東京都新宿区で開業。現在、ソフトウェア開発・小売・建設など、約50社の税務に関わる。著書には『フリーで仕事を始めたらまっさきに読む経理・税金・申告の本』『起業したらまっさきに読む経理の本』（以上、クロスメディア・パブリッシング）、『経理に使える Excel 事典』（明日香出版社）、『小さな会社の仕訳と記帳』（日本能率協会マネジメントセンター）、『ビジネス実務と PC活用　経理入門編』（日経 BP）、『図解本　小が大に勝つための会計学』（中央公論新社）、『営業日誌は書くな！』（角川学芸出版）などがある。

楽しく賢くムダ知らず 「ひとり老後」の
お金の知恵袋

2024 年 3 月 19 日 初版発行
2024 年 5 月　9 日 第 9 刷発行

著者　保坂隆
発行者　石野栄一
発行　明日香出版社
〒 112-0005 東京都文京区水道 2-11-5
電話 03-5395-7650
https://www.asuka-g.co.jp
印刷・製本　シナノ印刷株式会社

ISBN 978-4-7569 -2318-9